Erich Purk · Vertrauen

Erich Purk

Vertrauen

Der spirituelle Fastenbegleiter

kbw bibelwerk

www.bibelwerk.de

ISBN 978-3-460-27144-9

Alle Bibeltexte: Einheitsübersetzung der Heiligen Schrift
© 1980 Katholische Bibelanstalt GmbH, Stuttgart
Umschlaggestaltung: Finken & Bumiller, Stuttgart
Titelbild: © Janine Wittig/photocase.com
Satz und Repro: Olschewski Medien GmbH, Stuttgart
Gedruckt in der Tschechischen Republik

Inhaltsverzeichnis

Vorwort

„Vertrauen ist gut, Kontrolle ist besser!" Dies Wort wird in meinem Umfeld oft zitiert. Wenn man die Medien der vergangenen Monate analysiert, kann man von einer Vertrauenskrise sprechen. Das Wort „Vertrauen" wird in den politischen, sozialen oder finanziellen Diskussionen unserer Tage häufig verwendet und beschworen. Vertrauen ist aber auch ein Grundbaustein menschlichen Lebens und Glaubens. Ohne Vertrauen wären wir in der komplizierten Welt überfordert.

Mit Urvertrauen wird ein Kind geboren und es muss lernen, zwischen Misstrauen und Vertrauen ein gesundes Gleichgewicht zu finden. Dies ist das Thema der ersten Fastenwoche. In der zweiten Woche werden einige Ergebnisse der Vertrauensforschung beschrieben. Der Soziologen Niklas Luhmann hat herausgestellt, welche große Bedeutung Vertrauen in dieser komplexen Welt zukommt: Wer vertraut, gewinnt Einfluss. Wer misstraut, isoliert sich. Immer ist es ein Risiko, einem anderen oder einer Institution zu vertrauen. Nach Vertrauensbrüchen ist eine Heilung kaum möglich.

In der dritten Woche geht es um die Heilige Schrift: Was sagt die Bibel zum Vertrauen? Das Alte Testament warnt vor leichtfertigem Vertrauen. Der Mensch darf nicht auf Reichtum, Fürsten, dicke Wehrmauern oder auf Waffen vertrauen. Nur Gott enttäuscht ihn nicht. Denn er ist treu. Jesus ermutigt seine Jünger im Neuen Testament bedingungslos zu vertrauen. „Wenn euer Glaube so groß wäre wie ein Senfkorn" (Mt 17,20) – dann können sie sogar Berge versetzen.

Es geht mir um Vertiefung und Ermutigung unseres Vertrauens. Bilder und Lieder, Beispiele und Heilung im Missbrauch motivieren uns, nicht nur auf Kontrolle zu setzen, sondern immer wieder mit Offenheit und Vertrauen ein-

ander und auch Gott zu begegnen. Vertrauen bleibt dabei ein Abenteuer, aber ohne den Vorschuss an Vertrauen verkümmert das Leben.
In der Karwoche bedenken wir den Ernstfall unsers Vertrauens: das Sterben. Reicht unsere Glaubenskraft über den Horizont des Sichtbaren hinaus?

Ihr
Pater Erich Purk

PS: In der Fastenzeit gibt es auch im Internet Hilfen und Begleitung, z.B. unter: www.internetexerzitien.katholisch.de

Jetzt

1. Tag · Aschermittwoch

Dem Wandel vertrauen

Wort der Schrift

Wunderbar erweise deine Huld! Du rettest alle, die sich an deiner Rechten vor den Feinden bergen.
Behüte mich wie den Augapfel, den Stern des Auges,
birg mich im Schatten deiner Flügel (Ps 17,7-8).

Wort zum Tag

„Eigentlich bin ich ganz anders, nur komme ich so selten dazu." Dieses Wort von Ödön von Horváth habe ich oft zitiert. Es beschreibt das Lebensgefühl vieler Menschen.
Am Anfang der Fastenzeit kommt mir das Wort wieder in den Sinn. Etwas in mir liegt brach, kommt nicht zur Entfaltung. Ob ich in der Fastenzeit eine Chance habe, mal ganz anders zu sein? Etwas in mir wartet nur darauf, dass es wie bei einer Geburt ans Licht kommen kann. Fastenzeit bedeutet doch, den Alltag und die Gewohnheiten, die sich so wichtig aufspielen, zu hinterfragen und zu relativieren. Was ist eigentlich wichtig in meinem Leben?
Der Aschermittwoch ist daher wie ein Geburtshelfer. Deutlicher kann man es doch nicht sagen: „Gedenke, dass du Staub bist und zu Staub zurückkehrst." Auch deine Zeit ist begrenzt! Nutze die Frist, die dir noch bleibt! Die Masken sind nun abgelegt, die tollen Tage der Fastnacht sind vorbei. Eindringlicher kann man keinen konfrontieren. „Bekehre dich und glaube an das Evangelium!" (siehe Mk 1,15).
Mein Alltag mit seinem Trott kann einen frischen Impuls vertragen. Es muss nicht so bleiben, wie es ist. Darauf will ich vertrauen: Wandel ist möglich – auch in meinem Leben.

„Change“ ist das Wunderwort. Wechsel und Wandel sind die Tore in die Zukunft.
Der Aschermittwoch stößt die Tore auf, gibt den Blick frei. Wenn ich keine Erwartungen mehr habe, bin ich eigentlich schon tot. Jeder hat in seinem Leben Überraschungen erlebt. Ich denke an den Mauerfall in Berlin, den ich nie erwartet hätte. Überraschungen haben mich durchs Leben begleitet. Auf Überraschungen möchte ich vertrauen, auch heute am Anfang der Fastenzeit.

Wort durch den Tag
„Ein Mann, der seinen Bekannten lange nicht gesehen hatte, begrüßte ihn mit den Worten: Sie haben sich gar nicht verändert. Oh!, sagte dieser und erbleichte“ (Bert Brecht).
Die Reaktion des Bekannten ist nicht typisch. Normalerweise gilt es als Kompliment, wenn einer sagt: Sie haben sich gar nicht verändert. Normalerweise möchte man bleiben, wie man ist. Wer möchte sich schon ändern? Bert Brecht aber meint, es sei ein Grund zu erbleichen, wenn wir uns nicht mehr ändern. Die Fastenzeit ist die Chance für jeden, auf den Wandel zu vertrauen. Die Fastenzeit kann für jeden zur Überraschung werden.

2. Tag · Donnerstag

Sich selbst etwas zutrauen

Wort der Schrift

Gott hat versprochen: Ich lasse dich nicht fallen und verlasse dich nicht. Darum dürfen wir zuversichtlich sagen: Der Herr ist mein Helfer, ich fürchte mich nicht. Was können Menschen mir antun? (Hebr 13,5-6).

Wort zum Tag

Für mich ist das Vertrauen etwas sehr Kostbares. Als Kind wusste ich mich geborgen im Vertrauen, das mir meine Eltern schenkten. Ich konnte mir nicht vorstellen, dass es irgendeiner böse mit mir meinte.
Sicher war diese heile Welt auf dem Dorf nicht die beste Vorbereitung auf die Stürme des Lebens in einer fremden Großstadt. Als junger Erwachsener musste ich oft um mein Selbstwertgefühl ringen. Mir selbst etwas zuzutrauen, fiel mir schwer. Aber in der Schule und in den Jugendgruppen lernte ich, meine Fähigkeiten und Stärken zu entdecken und auszubauen. Besonders im Sport trainierte ich mein Selbstvertrauen, weil ich schnell laufen und weit springen konnte. Oft habe ich eine „Sieger-Urkunde" meinen Freunden zeigen können.
Irgendwann kam die Erfahrung dazu, dass ich mit bestem Willen manche Schwächen nicht abstellen konnte. Sie blockierten die Entwicklung und minderten die Freude am Leben. Dann war es wichtig für mich, gute Gesprächsbegleiter zu finden. Ich begriff, dass keiner perfekt ist. Ich lernte, dass ich den eigenen Schatten nicht verdrängen, sondern erkennen sollte.

Mein Selbstvertrauen wuchs, als ich meine Schwächen liebevoll „umarmen“ konnte. Ich wurde mein eigener Freund auch da, wo ich mich nicht leiden mochte. Ein Wort von C. G. Jung, das mir mein geistlicher Begleiter sagte, habe ich nie vergessen: „Man wandelt nur das, was man annimmt.“
Mein Selbstvertrauen wurde wesentlich gestärkt durch mein Vertrauen auf den barmherzigen Gott. Es war mein Glück, dass ein Priester mir immer wieder erklärte, was Barmherzigkeit bedeutet. Das war das Schüsselwort, das mich von Ängsten befreite. „Gott ist barmherzig – bei Armen hat er sein Herz.“
Mich selbst mit all meinen Fehlern als das geliebte Kind Gottes erleben zu dürfen, machte mich frei und stark. Durch das Bußsakrament wurde mein Selbstwertgefühl nicht gemindert, sondern es ist gewachsen, weil ich immer wieder neu anfangen durfte. Erleichtert ging ich nach jeder Beichte nach Hause.

Wort durch den Tag

Jedes Labyrinth macht uns klar, wie oft wir wenden und umkehren müssen, um das Ziel zu erreichen. Ich habe mich manchmal verlaufen oder bin in einer Sackgasse gelandet. Es war aber nicht schlimm, wenn ich wieder umkehren musste. Sagen Sie also nicht: „Das schaff ich nicht!“ Solche Worte lähmen und blockieren.
„Sag nie: Nie!“ Ein gutes Wort für den Anfang der Fastenzeit!

3. Tag · Freitag

Auf Gott vertrauen

Wort der Schrift

Wer im Dunkel lebt und wem kein Licht leuchtet, der vertraue auf den Namen des Herrn und verlasse sich auf seinen Gott (Jes 50,10).

Wort zum Tag

„Unsere Hilfe ist im Namen des Herrn, der Himmel und Erde erschaffen hat!" Dieser Gebetsruf ist seit Jahrhunderten zu Beginn von liturgischen Gebetszeiten gebräuchlich. Ich beginne am Morgen die Laudes, das kirchliche Morgengebet, im Chor meiner Mitbrüder mit diesen Worten: „O Gott, komm mir zu Hilfe – Herr, eile, mir zu helfen!" Ob ich als aufgeklärter Zeitgenosse so mit Überzeugung beten könne, fragte mich einmal ein Freund. – Setzen wir auf Gottes Hilfe oder machen wir alles selbst?

Die Machbarkeit aller Dinge ist ein Lebensgefühl, das uns alle mehr oder weniger stark erfüllt. Man könnte dieses Gefühl so umschreiben: Wenn wir die richtigen Voraussetzungen schaffen, ist dem modernen Menschen nichts unmöglich. Wird man unser Jahrhundert später als eines beschreiben, das alles selbst zu machen versuchte, eine „Selfmade-Generation"?

Alles scheint machbar: Retortenkinder oder geklonte Tiere, genmanipulierte Früchte oder künstlicher Schnee für den Wintersport. Satelliten und Internet lassen uns kommunizieren mit allen Orten auf dieser Welt. Sogar die seelische Landschaft im Inneren des Menschen lässt sich korrigieren, wenn man nur den richtigen Therapeuten findet.

Hat der kreative Mensch den Schöpfer entmachtet und sich an seine Stelle gesetzt? Auf den „lieben" Gott allein, der die Lilien wachsen lässt, können wir uns nicht verlassen. Und so bleibt die Angst, das Schicksal könne uns einen Strich durch die Rechnung machen. Wir können keinen Augenblick Lilie oder Lerche sein. Das kann nur einer, der naiv glaubt, dass jemand mit Segen und Gnade unseren Weg durch die Geschichte leitet.

Wir haben es in der Tat weit gebracht! Es gibt zwar immer neue Probleme, die wir nicht bewältigen, wie Aids oder den Klimaschutz. Aber was nicht ist, kann ja noch werden.

Doch mittlerweile nagt der Zweifel an dieser selbstherrlichen Einstellung: Unser Land wagt nach den Ereignissen in Japan den Ausstieg aus der Nutzung der Atomkraft. Unser Vertrauen in Wissenschaft und Technik wurde nach Tschernobyl und Fukushima erschüttert. Die Generation der „Macher" stößt an zu vielen Grenzen.

Die Therapie, die uns nottut, steht in einem Buch, das 2000 Jahre alt ist: der Bibel. Im Evangelium des Matthäus heißt es: „Wer von euch kann mit all seiner Sorge sein Leben auch nur um eine kleine Zeitspanne verlängern? ... Lernt von den Lilien, die auf dem Feld wachsen ... Ich sage euch: Selbst Salomo war in all seiner Pracht nicht gekleidet wie eine von ihnen. Wenn aber Gott schon das Gras so prächtig kleidet, das heute auf dem Feld steht und morgen ins Feuer geworfen wird, wie viel mehr dann euch, ihr Kleingläubigen!" (Mt 6,27-30).

Dieses Gleichnis zeigt: Wenn wir nicht nur unseren eigenen Fähigkeiten vertrauen, sondern Gott etwas zutrauen, dann werden wir frei vom gnadenlosen Leistungsdruck. Wer vertraut und glauben kann, für den ist das Wort aus dem Petrusbrief eine Möglichkeit: „Werft alle eure Sorge auf den Herrn, denn er kümmert sich um euch" (1 Petr 5,7).

Darf ich also redlich auf die Hilfe Gottes und die Kraft des Geistes vertrauen oder ist das zu einfach gedacht? – Ich glaube, ich wäre jeden Tag überfordert, wenn ich nicht auf den „Beistand" vertraue, wie Jesus den Heiligen Geist nannte. Ich werde ganz sicher heute „nicht die Hände in den Schoß legen". Aber werde ich den Mann, der sich heute zum seelsorglichen Gespräch angemeldet hat, wirklich verstehen? Werde ich ein Wort für ihn haben, das ihn fähig macht, weiterzugehen? Werde ich am Abend in Gelassenheit und Ruhe darauf vertrauen dürfen, dass „Gott das Fehlende ergänzen kann"? Jedenfalls hilft mir das Wort der großen Papstes Johannes XXIII.: „Giovanni, nimm dich nicht so wichtig!"
Es ist mir also wichtig, meinen Tag am Morgen so zu beginnen: „Unsere Hilfe ist im Namen des Herrn, der Himmel und Erde erschaffen hat!"

Wort durch den Tag
Bei Sportlern und Sportlerinnen sieht man heute oft, dass sie sich vor dem Wettkampf bekreuzigen. Mit Vertrauen geht vieles leichter!

4. Tag · Samstag

Anderen etwas zutrauen

Wort der Schrift

Wir sind euch freundlich begegnet: Wie eine Mutter für ihre Kinder sorgt (1 Thess 2,7).

Wort zum Tag

„Alles Reden ist sinnlos, wenn das Vertrauen fehlt", schreibt der Dichter Franz Kafka. Wer dieses Buch hier zur Hand nimmt und nicht gleich wieder weglegt, sondern weiterliest, traut mir zu, dass ich ihm einige Impulse für die Fastenzeit geben kann. Zugleich vertraue ich mich ihm an, weil ich oft von meinem persönlichen Vertrauen und Misstrauen erzähle. Das Buch ist also nicht nur eine Reflexion über das Vertrauen, sondern zugleich eine Einladung, es (wieder) mit dem Vertrauen zu versuchen und dem Misstrauen zu widersagen.
Diese Texte möchten ein Wegbegleiter durch die Fastenzeit sein, kein Kursbuch für Exerzitien mit täglichen Anweisungen und Erfolgskontrollen. Dem Leser traue ich seinen eigenen Weg zu. Zugleich vertraue ich ihm meine persönlichen Erfahrungen mit dem Vertrauen an. Natürlich ist das auch für mich ein Wagnis, meine Erfahrungen drucken zu lassen, ohne zu wissen, wer die Zeilen liest. Aber es geht um den Auftrag, den das Wort aus dem Petrusbrief beinhaltet und das ich vor Jahren für mein Primizbild wählte: „Seid stets bereit, jedem Rede und Antwort zu stehen, der nach der Hoffnung fragt, die euch erfüllt (1 Petr 3,15). Dabei gilt immer: Wer nicht vertraut, wird kein Vertrauen finden.
Vertrauen ist heute in der Krise. In jeder Tageszeitung wird zum Beispiel vom fehlenden Vertrauen in der Finanzwelt

geschrieben. Durch die Schuldenkrise ist auch unsere persönliche Vertrauensfähigkeit auf die Probe gestellt. Deshalb ist die Beschäftigung mit Vertrauen zu diesem Zeitpunkt sinnvoll und angebracht. Schon sprachlich kann man zeigen, dass im Deutschen das Wort Vertrauen in so vielen Ableitungen vorkommt, dass seine Bedeutung sichtbar wird. Die Wortfamilie füllt ganze Seiten im Lexikon:
Vertrauensbeweis, Vertrauensvorschuss, Vertrauensverlust, Vertrauensbruch, Vertrauensperson, Vertrauensstellung; Selbstvertrauen, Gottvertrauen.
Oder auch: vertraulich, vertrauensselig, vertrauensvoll, vertrauenswürdig.
Sprecher und Hörer, Schreiber und Leser, müssen, auch wenn sie einander noch fremd sind, in einer bestimmten Beziehung zueinander stehen, sodass der Sprecher weiß, dass der Hörer wenigstens interessiert ist und offenlässt, wie viel Vertrauen er dem Sprecher entgegenbringen wird.
Vertrauen kann auch nonverbal zum Ausdruck gebracht werden. Wenn ich einem Kind Geld gebe, damit es eine Besorgung macht, vertraue ich darauf, dass es dies tut und das Wechselgeld zurückbringt. Jede Kassiererin, die abends die Tageseinnahmen zur Bank bringt, genießt das Vertrauen der Firma bzw. ihres Chefs. Sie gilt als Vertrauensperson und ist sich dessen bewusst. „Vertrautheit ist dabei die Basis des Vertrauens“ (Edeltraud Bülow).
Oft habe ich als Kind und später als Schüler erfahren, dass Vertrauen beflügelt. Wenn meine Eltern oder ein Lehrer sagte: „Das schaffst du! Ich traue dir das zu!“, dann war ich motiviert.
Mancher erinnert sich aber auch an zu viele negative Stimmen: „Du bist zu dumm dafür! Das schaffst du doch nicht!“ Wenn einer überzeugt ist, etwas nicht erreichen zu können, dann ist es unerreichbar für ihn. Wen wundert es da, dass sich

Menschen in eine „Null-Bock-Mentalität" flüchten? Ich habe mich deshalb entschieden, trotz mancher Enttäuschung, anderen Menschen immer wieder einen Vertrauensvorschuss zu geben – um meinetwillen und der anderen willen.

Wort durch den Tag

Ich segne morgens oft die Menschen, denen ich heute begegnen werde. Wer segnet, wünscht dem anderen Gutes, Gesundheit und Glück. Sein ganzes Wohlwollen wendet er ihm zu.

Ich bin überzeugt, dass segnende Gedanken heilen können. Wer Gutes denkt, wer Segen wünscht, verwandelt allmählich die heillosen Zustände. Menschen, die es schwer miteinander haben, sollten einander segnen.

Herr,
du hast mich erforscht
und du kennst mich.

Ob ich sitze oder stehe,
du weißt von mir.
Von fern erkennst du meine Gedanken.

Ob ich gehe oder ruhe,
es ist dir bekannt;
du bist vertraut mit all meinen Wegen.

Psalm 139,1-3

Vertrauen – Gerüst unseres Lebens

5. Tag · Montag in der 1. Fastenwoche

Vertrauen spielend lernen

Wort der Schrift
Der Herr lässt dich nicht fallen und verlässt dich nicht. Du sollst dich nicht fürchten und keine Angst haben (Dtn 31,8).

Wort zum Tag
Mein Vater war ein starker und großer Mann. Ich erinnere mich gern, wie ich als kleiner Junge auf ihn zulief und wie er mich fasste und mit seinen starken Armen hoch in die Luft warf. Ich quietschte vor Vergnügen. Da waren ja seine Hände, die mich wieder auffingen. Auf meinen Vater konnte ich mich verlassen. Er ließ mich nicht fallen. So lernte ich spielend das Vertrauen. Ein Spiel mit der Angst und dem Vertrauen.
Die ganze Aufmerksamkeit des Vaters gilt seinem Kind. Seine Hände strecken sich ihm weit entgegen. Der Vater fängt sein Kind auf, er zieht seine Hände nicht weg. Auf ihn kann sich sein Sohn verlassen. Und der Vater weiß: Sein Kind fühlt sich sicher bei ihm. Er vertraut auf das Vertrauen seines Kindes. Sie glauben aneinander. Wo zwei sich so vertrauen, ist die Angst überwunden. Das ist mehr als ein Spiel! Ein Mensch lernt, einem anderen zu vertrauen.
Vertrauen ist immer ein Wagnis. Wer vertraut, liefert sich aus – in die Hand eines anderen. Gemeinsam überwinden sie die Angst. Auch mein Glaube ist ein Abenteuer des Vertrauens. Gott lässt mich frei, doch er lässt mich nicht allein. In seinen Händen bin ich geborgen. Ich sehe seine Hände nicht. Aber ich bin sicher: Wenn ich falle, fängt er mich auf.

Aufgrund meiner kindlichen Erfahrungen war es für mich leicht, den Satz zu verstehen: „Ein Mensch kann nicht tiefer fallen als in die Hände Gottes." Es ist für mich ein verlässliches Wort. So steht Gott zu mir. Er fängt mich auf! In der Bibel lese ich: „Zukunft ist für dich der ewige Gott, unter dir sind ewige Arme ausgebreitet" (Dtn 33,27).

Wort durch den Tag

Sagen Sie sich heute: „Ich will keine Angst aufkommen lassen. Auch mir gilt das Wort der Schrift: Der Herr lässt dich nicht fallen und verlässt dich nicht. Du sollst dich nicht fürchten und keine Angst haben" (Dtn 31,8).

6. Tag · Dienstag in der 1. Fastenwoche

Das Misstrauen wächst

Wort der Schrift

Da sagte David zu Gad: Ich habe große Angst. Wir wollen lieber dem Herrn in die Hände fallen, denn seine Barmherzigkeit ist groß; den Menschen aber möchte ich nicht in die Hände fallen (2 Sam 24,14).

Wort zum Tag

In den alten Erzählungen der Chassidim gibt es eine Geschichte, die mag ich gar nicht. Ich protestiere innerlich jedes Mal heftig, wenn ich sie lese. Oft habe ich Gruppen dieses Kontrastgleichnis vorgelesen. Immer gab es heftige Kritik und Empörung. Doch im Anschluss begann meistens ein intensives Gespräch.

„Ein Vater stellt seinen Sohn auf eine hohe Mauer. Dann streckt er dem Kind seine Hände entgegen und sagt: ‚Spring, ich fang dich auf!' Das Kind zögert, es hat Angst. Der Vater ermutigt es: ‚Ich fang dich auf!' Schließlich springt das Kind. Der Vater zieht seine Hände weg. Das Kind fällt auf den Boden. Dem weinenden Kind erklärt der Vater: ‚So ist unsere Welt! Niemand darfst du vertrauen, nicht einmal deinem Vater!'" (nach Martin Buber).

Kinder sind vertrauensselig. Deshalb muss man ihnen auch sagen: „Geh nicht mit jedem Fremden!" Zur Pädagogik des Kleinkindes gehört sicher das Einüben in ein „gesundes Misstrauen". Aber Kinder brauchen gerade in dieser Angst machenden Welt Personen, an die sie felsenfest glauben. Es ist ein schwerer Vertrauensbruch, wenn Vater oder Mutter dieses Vertrauen zerstören. Das ist wohl die schlimmste Erfahrung, die ein Kind machen kann.

Auch wenn die Erzählungen der Chassidim zur Weltliteratur gehören, bleibt mein Protest. Dieser Vater enttäuscht seinen Sohn nicht nur, er lügt ihn ja auch an. „Versprechen sind die Inseln im Meer der Unsicherheit", schreibt Hannah Arendt. Welche tiefen Enttäuschungen hat der Vater in seinem Leben wohl gemacht, dass er diese Lebenseinstellung seinem Sohn vererben will?
Wenn in unserer Gesellschaft das Misstrauen wächst und die Vertrauenskultur schwindet, wird es für den Einzelnen immer schwieriger, seinen Lebensraum und seine Glückserwartungen abzusichern. Misstrauen führt in die Isolation.
Hausbesuche konnte ich als Pfarrer der Gemeinde in der City von Frankfurt nur machen, wenn ich mich kurz vorher noch einmal telefonisch anmeldete. Ältere Menschen haben ihre Türen mit mehreren Schlössern verriegelt. Abendveranstaltungen können sie nicht besuchen. Nach 19:00 Uhr ist die U-Bahn für sie zu gefährlich. Sie klagten über ihre Isolierung …

Wort durch den Tag
In einer Kirche in Lech, Österreich, gibt es eine Inschrift, darin heißt es u. a.: „Immer dann, wenn sich bei dir das Misstrauen rührt, wünsche ich dir einen Vorschuss an Vertrauen."

7. Tag · Mittwoch in der 1. Fastenwoche

Ohne Vertrauen geht es nicht

Wort der Schrift
Im Schatten deiner Flügel finde ich Zuflucht, bis das Unheil vorübergeht (Ps 57,2).

Wort zum Tag
Ohne Vertrauen geht es gar nicht. Vertrauen ist immer ein Wagnis. Vertrauen ist aber auch das Baugerüst unseres Lebens.
Wir können den Alltag gar nicht bestehen ohne viele Schritte des Vertrauens: Ich steige in ein Auto. Ich vertraue darauf, dass der Monteur bei der letzten Inspektion die Bremsen richtig eingestellt hat. Ich rufe ein Taxi. Ich vertraue darauf, dass der Taxifahrer mich wohlbehalten ans Ziel bringt. Ich trete eine Flugreise an. Ich gebe mich vertrauensvoll in die Hände der Piloten und der Fluglotsen. Ich gehe zum Arzt. Ich vertraue darauf, dass mein Arzt mir die richtige Medizin verschreibt. Ich vertraue einem Freund etwas an. Ich bin sicher, dass er es nicht gleich weitererzählt. Ich kann nicht alles überprüfen. Vertrauen ist das Baugerüst, das unser Leben gestaltet. Wir können den Alltag gar nicht bestehen ohne viele Schritte des Vertrauens!
Auch die Gesellschaft ist auf Vertrauen gebaut. In der Finanzkrise vor einigen Jahren haben es viele erfahren. Sie hatten Angst um ihre Aktien und Sparguthaben. Sie haben dem Anlagenberater vertraut, doch der hat ihnen „Schrottpapiere“ untergeschoben.
Ob es sich um Finanztransaktionen oder um die Begutachtung von Dissertationen handelt, ohne Vertrauen geht das

nicht. Die Einführung eines neuen Kraftstoffs (E 10) scheiterte, weil die Leute kein Vertrauen in das neue Biogemisch hatten. Vertrauen ist eine zerbrechliche Ressource.
Es ist für mich erstaunlich, welche Rolle das Vertrauen in der Finanz- und Wirtschaftswelt spielt. In der Literatur für Manager ist die Bedeutung des Vertrauens neu entdeckt worden. Vertrauen wird in unserer globalen Wirtschaft zur Schlüsselkompetenz für alle Führungskräfte. Das „Nichtwissen" und die Ratlosigkeit ist so groß, dass selbst Banken Zuflucht bei Ratingagenturen suchen. Diese bewerten die Bonität von Firmen und Staaten. Sie verteilen die Noten. Sie dominieren heute den Markt. Durch gute Noten für „US-Schrottpapiere" sollen sie die Finanzkrise mit ausgelöst haben. Wen wundert es, wenn manche, die Geld durch Beratung verloren haben, sagen: Ich vertraue keinem Menschen mehr.

Wort durch den Tag
Achten Sie doch einmal auf Ihrem Weg durch diesen Tag, wie oft Sie selbstverständlich der Technik, der Umwelt, den Menschen vertrauen. Es bleibt Ihnen gar nichts anderes übrig: Sie verlassen sich darauf, dass Trinkwasser aus der Leitung kommt, dass die Nahrung keine schädlichen Substanzen enthält, dass Sie unverletzt die Straße überqueren können, wenn die Ampel grün zeigt. Mit dieser Zuversicht gehen wir in jeden Tag.

8. Tag · Donnerstag in der 1. Fastenwoche

Riskante Vorleistung

Wort der Schrift

Ich hebe meine Augen auf zu den Bergen: Woher kommt mir Hilfe? Meine Hilfe kommt vom Herrn, der Himmel und Erde gemacht hat. Er lässt deinen Fuß nicht wanken; er, der dich behütet, schläft nicht (Ps 121,1-3).

Wort zum Tag

In Dichtung und Literatur, in Romanen und auch in Krimis steht oft das Vertrauen im Mittelpunkt. Ich möchte eine Kurzgeschichte wiedergeben, die fast in jedem Schulbuch zu finden ist:

Ein Seilaktkünstler lässt von einem Kirchturm zu einem Hochhaus in schwindelder Höhe ein Seil über den Marktplatz spannen. Am Abend zeigt der Künster seine akrobatischen Kunststücke. Die Zuschauer sind begleistert und klatschen Beifall. Dann stellt der Seiltänzer einen Schubkarren auf das schwankende Seil. Er fragt die Menge, ob einer den Mut habe, sich in den Schubkarren zu setzen. Nach langem Schweigen klettert ein kleiner Junge in die Karre. Er winkt fröhlich zur Menge hinunter. Als ihn später einer fragt, ob er denn keine Angst gehabt habe, antwortet er: „Wieso, er ist doch mein Vater!“

Auch wenn der Junge felsenfest auf seinen Vater vertraut, ist und bleibt es ein Risiko, sich in den Schubkarren zu setzen. Vertrauen ist immer ein Abenteuer. Dies wird gemindert, wenn zum Vertrauen die Vertrauheit hinzukommt. Der Vater ist für seinen Sohn eine vertraute Person. Sie wird ihn nicht enttäuschen.

Gibt es nicht Lebensabschnitte, die sind wie ein Drahtseilakt? Da muss ich einfach durch. Eine Operation in einer schweren Krankheit zum Beispiel. Da ist der Fachmann, der Arzt, dem ich mich bei der Operation ganz anvertraue. Diese Ohnmacht, selbst gar nichts mehr machen zu können, muss ich erst verkraften. Auch wenn alle mich beschwören, dass es immer gut gegangen ist, bleibt für mich das Risiko des Vertrauens. Die Vertrautheit des Arztes ist hilfreich. Aber Vertrauen ist immer eine riskante Vorleistung.
Ich glaube, es ist auch eine große Vorleistung an Vertrauen, wenn Eltern ihr Kleinkind zum Babysitten anderen anvertrauen. Bei ganz fremden Personen werden sie es vermutlich nur im Notfall tun. Sie verzichten dann lieber auf den freien Abend, den ein Babysitter ihnen ermöglichen würde.

Wort durch den Tag
Vertrauen ist immer eine riskante Vorleistung. Sind Sie zu dieser Vorleistung bereit?

9. Tag · Freitag in der ersten Fastenwoche

First Step – Der erste Schritt

Wort der Schrift

Den Weg der Weisheit zeige ich dir, ich leite dich auf ebener Bahn. Wenn du gehst, ist dein Schritt nicht beengt, wenn du läufst, wirst du nicht straucheln (Spr 4,11-12).

Wort zum Tag

Vincent van Gogh hat für mich ein besonders wichtiges Bild zum Vertrauen gemalt. Er schuf es 1890 in seinem Todesjahr. Das Bild hängt heute im „The Metropolitan Museum of Art" und heißt „Der erste Schritt":

Der Vater unterbricht seine Gartenarbeit. Er legt die Schaufel zur Seite. Er kniet sich und breitet seine Arme aus. Die Mutter

stellt das kleine Mädchen auf den Boden. Der Vater ruft vielleicht gerade: „Komm!" Das Kind schaut nach vorne – über eine „unendlich weite" Strecke hinweg –, wirft sein Vertrauen hinüber zum Vater und kommt nach.
Welch ein Wagnis: der erste Schritt im Leben. Aber da sind die Hände der Mutter und des Vaters. Im Notfall fangen sie das Kind auf. Auch für Eltern ist der erste selbstständige Schritt ihres Kindes eine wichtige Erfahrung. Sie ahnen, was er für die Entwicklung ihres Kindes bedeutet, und helfen ihm dabei.
Der erste Schritt war ein wichtiges Ereignis in unserem Leben. Jeder musste sein Gleichgewicht finden und gehen lernen auf dem „Weg des Lebens". Dem ersten Schritt folgten viele andere. Nicht immer waren Hände da, die uns auffingen. Wir fielen zu Boden und standen wieder auf. Ganz oft mussten wir wiederaufstehen. Das Fallen ist nicht das Schlimmste, aber das Liegenbleiben.
Wenn die Hände von Vater und Mutter nicht mehr nötig sind, dann soll in mir das Vertrauen so stark gewachsen sein, dass es gute Freunde gibt, die mich im Notfall nicht im Stich lassen. Denn auch Erwachsene brauchen eine Hand, die sie stützt. Im Alter wehren sich viele, bis sie bereit sind, einen Handstock oder einen Rollator zur Hilfe zu nehmen.

Wort durch den Tag

„Auch der längste Weg dieser Erde beginnt mit dem ersten Schritt." Dieses chinesische Sprichwort macht auf eine oft vergessene Selbstverständlichkeit aufmerksam. Um den ersten Schritt zu tun, muss man seinen Standpunkt verlassen, seinen inneren Schwerpunkt verlagern, den einen Fuß von der Erde lösen und sich trauen, einen neuen Ort zu suchen, um wieder Boden unter den Fuß zu bekommen. Jeder Schritt ist ein Abenteuer.

10. Tag · Samstag in der 1. Fastenwoche

Der Lockruf des Vertrauens: Komm!

Wort der Schrift

Das Boot aber war viele Stadien vom Land entfernt und wurde von den Wellen hin und her geworfen; denn sie hatten Gegenwind. In der vierten Nachtwache kam Jesus zu ihnen; er ging auf dem See.

Als ihn die Jünger über den See kommen sahen, erschraken sie, weil sie meinten, es sei ein Gespenst, und sie schrien vor Angst. Doch Jesus begann mit ihnen zu reden und sagte: Habt Vertrauen, ich bin es; fürchtet euch nicht! Darauf erwiderte ihm Petrus: Herr, wenn du es bist, so befiehl, dass ich auf dem Wasser zu dir komme. Jesus sagte: Komm!

Da stieg Petrus aus dem Boot und ging über das Wasser auf Jesus zu. Als er aber sah, wie heftig der Wind war, bekam er Angst und begann unterzugehen. Er schrie: Herr, rette mich!

Jesus streckte sofort die Hand aus, ergriff ihn und sagte zu ihm: Du Kleingläubiger, warum hast du gezweifelt? Und als sie ins Boot gestiegen waren, legte sich der Wind. Die Jünger im Boot aber fielen vor Jesus nieder und sagten: Wahrhaftig, du bist Gottes Sohn (Mt 14,24-31).

Wort zum Tag

Immer wieder habe ich diese Erzählung aus dem Matthäusevangelium gelesen, meditiert, weitererzählt, verkündigt. Immer wieder deutet diese Geschichte meine Situation zwischen Angst und Vertrauen.

„Komm!", sagt Jesus mitten auf den See Gennesaret zu Petrus. Und der steigt aus dem Boot, setzt seinen Fuß auf das

Wasser, wirft sein Vertrauen hinüber zu dem, der ihn ruft, und das Wasser trägt. Er verlässt das Boot, diese lächerlichen Planken, die beim Sturm Sicherheit geben sollen. Alle halten ihn für „verrückt“ und wollen ihn zurückhalten. Petrus legt seine Hand an das Ohr. Solange er auf den Lockruf: „Komm!“ vertraut, trägt das Wasser.
Aber dann denkt Petrus an den Sturm und die Wellen und bekommt Angst. Sofort beginnt er zu sinken. „Herr, rette mich!“, schreit er. Jesus streckt seine Hand aus und hält ihn fest. „Du Kleingläubiger, warum hast du gezweifelt?“
Wo Petrus sich einlässt auf dieses „Komm!“, wo er glaubt und vertraut, kann er über Wasser gehen. Wo er in Panik und Angst auf die Wellen starrt und meint, sich selbst über Wasser halten zu müssen, versinkt er in den Fluten. Aber es ist tröstlich, dass auch dann noch die Hand da ist, die den Kleingläubigen rettet.
Ist nicht unser ganzes Leben wie ein Schreiten „über Wasser“, getragen von jenem geheimnisvollen „Komm!“, das wir Vertrauen nennen? Wir hören tief in uns den Lockruf: Komm! Wenn wir dem folgen, werden wir nicht in den Fluten der Angst versinken. Wir werden erfahren, dass wir über Wasser schreiten können.
Viele kennen doch die Situation, wo „das Wasser bis zum Halse stand“, wo sie zu versinken drohten? Als sie mit ihrer Firma Konkurs anmelden mussten, als sie hinter dem Sarg ihres Lebenspartners gingen. Hoffentlich war eine Hand da, die sie festhielt und vor dem Versinken bewahrte!

Wort durch den Tag

Ich schreite über das Meer
im Sturm
denn *Du* rufst
Komm

Ich überspringe die Gipfel der Berge
denn *Du* rufst
Komm

Ich singe im Feuerofen
meiner Ängste
denn *Du* rufst
Komm

Ich umarme den Schmerz
in Ohnmacht und Abschied
denn *Du* rufst
Komm

Komm
sagst *Du*
und ich nehm *Dich* beim Wort

Ich bin auf dem Weg

Edeltraut Bülow

Vertrauenskrise

Vertrauen hat den Charakter der Selbstverständlichkeit verloren. Man hat in den letzten Jahren den Eindruck, wenn man die öffentlichen Debatten verfolgt und sich auch in seiner persönlichen Umgebung umschaut, dass der ehemals hohe Wert des „Vertrauens" in einem Maße gesunken ist, dass nicht nur das einzelne Individuum extrem verunsichert ist, sondern auch die Gesellschaft als Ganze erschüttert ist. Die Finanz- und Wirtschaftskrise, die Schuldendebatte und der Versuch, mit eskalierenden Rettungsschirmen den Euro zu retten, haben zu einer Vertrauenskrise geführt. Wir müssen das Vertrauen wiederentdecken. Es geht um eine neue Vertrauenskultur.
Deshalb sollen in der kommenden Woche einige wichtige Thesen aus der Forschung des Vertrauens zusammengefasst und vorgestellt werden. Das grundlegende Werk hat der Soziologe Niklas Luhmann geschrieben. Er hat Vertrauen als eine soziale Wirklichkeit der Gesellschaft beschrieben. Der Journalist Matthias Nöllke zeigt in seinem gleichnamigen Buch, dass Vertrauen heute kein „frommes Thema" für Christen, sondern das notwendige Baugerüst ist, wenn globale Wirtschaft, Finanzwelt, Gesellschaft überhaupt funktionieren soll.

11. Tag · Montag in der 2. Fastenwoche

Was ist Vertrauen?

Zitat des Tages

„Vertrauen ist die Grundlage unseres gesellschaftlichen Lebens. Wir müssen uns auf zahllose Menschen verlassen, um daran teilzuhaben“ (Matthias Nöllke).

Wort zum Tag

Unter Vertrauen wird die Annahme verstanden, dass man erwartet, die zukünftige Entwicklung werde gut verlaufen. Der Unterschied zwischen Hoffnung und Vertrauen ist die Überzeugung, dass der positive Ausgang nicht nur eine vage Hoffnung ist, sondern auch sichtbaren Erfolg bringt. Wer vertraut, setzt auf das Gute in jedem Menschen. Seine bisherigen Erfahrungen ermutigen ihn dazu. Erik Erikson schreibt: „Vertrauen hängt von frühkindlicher Erfahrung ab. Unnötiges Versagen, Angst und Drohungen verhindern Vertrauen.“ Der Autor Jackson meint: „Vertrauen ist der Glaube, dass der andere für einen irgendwann das tut, was man für ihn getan hat.“

Vertrauen ist ein elementarer Tatbestand des sozialen Lebens. In einer Zeit des Vertrauensschwundes wird von unterschiedlichen Wissenschaftlern die komplexe Wirklichkeit des Vertrauens erforscht und neu beschrieben. Niklas Luhmann hat als Soziologe das grundlegende Buch „Vertrauen“ veröffentlicht. Vertrauen als allgemeines Zutrauen bestimmt unser Leben und Handeln. Wir wären total überfordert, wollten wir alles auf seine Verlässlichkeit und Sicherheit überprüfen. Im Chaos, ohne verlässliche Strukturen, wäre der Mensch ganz gelähmt und handlungsunfähig. Luhmann schreibt: „Der Mensch soll seinem Wesen entsprechend Vertrauen schenken, wenn auch nicht blindlings." Der Soziologe definiert Vertrauen als einen „Mechanismus zur Reduktion sozialer Komplexität" und zudem als eine „riskante Vorleistung". Wir wissen aus Lebenserfahrung ebenso wie aus wissenschaftlicher Forschung im Bereich Soziologie und Psychologie, dass die Bereitschaft, Vertrauen zu schenken, viele Gründe hat.

In der Managerliteratur nimmt das Thema Vertrauen einen großen Raum ein. „Nichts wirkt schneller und effektiver als Vertrauen. Vertrauen ist die Schlüsselkompetenz für alle Führungskräfte in unserer neuen globalen Wirtschaft", betont auch Matthias Nöllke in seinem Buch „Vertrauen".

Für mich ist es erstaunlich, wie oft ich in der Schuldenkrise unserer Tage in der Zeitung das Wort Vertrauen lesen kann. Schon einige Jahre vorher erschütterte die Finanzkrise das Vertrauen der Menschen in einem Maße, wie es zuvor nicht denkbar war. Durch sogenannte Finanzexperten fühlten sich viele weltweit verraten und verkauft. Das Misstrauen wuchs. „Kann man keinem mehr vertrauen?" Das Vertrauen und zugleich die Verlässlichkeit erlitten dadurch schweren Schaden.

Der Markt, die Wirtschaft, die Finanzwelt sucht nach neuen Wegen, Vertrauen zurückzugewinnen. Bei einer weltweiten Inflation wäre die Flucht ins Gold nur ein Versuch, seine Schäfchen zu retten. Das Überleben im „Haifischbecken" wird immer schwieriger.

Wort durch den Tag

„Kann man denn niemandem mehr vertrauen?" Diese Haltung färbt ab. Auch ich persönlich spüre die Ansteckungsgefahr. Öfters sehe ich schwarz oder beginne zu „klagen". Wer möchte das schon?

12. Tag · Dienstag in der 2. Fastenwoche

Einfluss durch Vertrauen

Zitat des Tages
„Je mehr wir anderen vertrauen, umso weiter erstreckt sich unser Einfluss“ (Matthias Nöllke).

Wort zum Tag
Schon Franz Kafka schrieb: „Alles Reden ist sinnlos, wenn das Vertrauen fehlt.“ Durch die Missbrauchsfälle wurde die Kirche beschädigt. Für die Bischöfe und Priester wird es seither viel schwieriger, glaubwürdig von Moral und Ethik zu reden. Wenn man einem Menschen und auch einer Institution viel Vertrauen entgegenbringt, achtet man auf ihre Ansichten und Argumente. Wird man aber enttäuscht, dann stimmt der Satz von Kafka.
Vertrauen ist eine Macht. Sie ist mit Verantwortung verknüpft. Kinder bringen ihren Eltern, Lehrern und Seelsorgern großes Vertrauen entgegen. Der Schaden in den Seelen der Kinder durch missbrauchtes Vertrauen ist nicht wieder zu heilen und muss strafrechtlich verfolgt werden.
Vertrauen ist, wie der Missbrauch von Vertrauen zeigt, eine wichtige Größe in den Beziehungen zwischen Menschen, eine „Schlüsselkompetenz“ in allen Gruppierungen der Gesellschaft. Deshalb erforscht man so intensiv die Bedeutung und Wirkung des Vertrauens in Betrieben und Firmen. Nichts wirkt in allen Situationen schneller und effektiver als Vertrauen:
Vertrauen macht vieles einfacher. Es erspart Kontrolle, wenn man sich auf „seine“ Leute verlassen kann. Vertrauen entlastet, denn ohne Vertrauen sind wir auf uns selbst zurückgeworfen. Vieles kann der Vorgesetzte an Personen seines Vertrauens

delegieren. Doch die Gefahr, dass man betrogen und ausgetrickst wird, bleibt.
„Wem Vertrauen geschenkt wird, der ist motiviert, sein Bestes zu geben. Das Leistungsniveau steigt", schreibt Nöllke in diesem Zusammenhang.
Die Wahrheit dieses Satzes habe ich in der Schule oft erfahren. Sogar ein Fußballspieler der Nationalmannschaft sagte nach guter Leistung: „Ich habe das Vertrauen des Trainers."
So hebt das Vertrauen das Klima in einer Gruppe. Es hilft, Krisen zu meistern und Fehler gemeinsam zu korrigieren.
Aber Vertrauen allein ist kein „universeller Problemlöser", warnt Nöllke. Auch Misstrauen ist eine Macht, eine zerstörerische Macht. Sehr schnell kann sich Vertrauen verflüchtigen. Dann sind nachträgliche Reparaturen kaum möglich. Die Finanzkrise bescherte uns einen großen Vertrauensschwund. Wer sein Geld und sein Erspartes verloren hat, vertraut keinem Bankberater mehr. Nach der Finanzkrise meldeten die Zeitungen, dass ein Viertel der Anleger ihre Wertpapiere anderen Vermögensverwaltern anvertrauten. Heute in der Schuldenkrise haben viele überhaupt kein Vertrauen mehr in „den Markt" und „fliehen" in Gold als Wertanlage. Auch den Politikern entzieht man das Vertrauen, da auch sie oft einen ratlosen Eindruck machen.
„Vertrauen ist ein Gut, das aufwendiger Pflege bedarf", sagt Luhmann. Vor 50 Jahren machte man sich keine Gedanken, woher das Öl für die Autos kommt. Es war einfach da. Aber die Ölquellen sind nicht unerschöpflich.
Auch die Ressource „Vertrauen" hat heute den Charakter der Selbstverständlichkeit verloren; sie ist nicht endlos vorhanden.

Wort durch den Tag
Wie oft habe ich selbst erfahren, dass ich beflügelt wurde, wenn man mir etwas zutraute und Vertrauen schenkte!

13. Tag · Mittwoch in der 2. Fastenwoche

Vertrauen gründet auf Vertrautheit

Zitat des Tages

„Vertrauen beruht auf Vertrautheit. Wir müssen die Gegenseite einschätzen und Erfahrungen mit ihr sammeln können. Aber auch uns selbst müssen wir für sie durchschaubar machen“ (Matthias Nöllke).

Wort zum Tag

Aus der alltäglichen Erfahrung und der erworbenen Vertrautheit mit der Umwelt gewinnt jeder Mensch sein Vertrauen in die verlässlichen Regeln und Strukturen der Welt. Zuerst aber trägt uns das personale Vertrauen. Bei Hochgebirgstouren habe ich zum Beispiel immer dem Bergführer, der den Weg kennt, voll und ganz vertraut.

Vertrauen spielt sich nicht in einem luftleeren Raum ab. Wo zwei Menschen sich vertrauen, sind sie nicht wie Robinson auf einer einsamen Insel. Vertrauen ist immer eine Erfahrung von Beziehungen. Wir können drei Arten von Beziehungen unterscheiden. Die Beziehung zum anderen kann fremd, bekannt oder vertraut sein: „Unter der Bedingung der Fremdheit werde ich mein Gegenüber eher kontrollieren, sonst wäre es blindes Vertrauen. Einem Bekannten kann ich bestimmte Dinge zutrauen, aber nicht alles. Und je vertrauter mir eine Person ist, desto eher werde ich mich ihr anvertrauen“ (Olaf Geramanis). Der Fremde, der Bekannte und der Freund sind Namen für Beziehungen. Am vertrautesten sind wir mit dem Freund oder Ehepartner.

Doch manchmal mindert Vertrautheit das Vertrauen. Das meint Bert Brecht wohl mit dem Wort: „Ich vertrau ihm nicht. Wir sind Freunde.“ Aber grundsätzlich wird im Akt des Vertrauens die Angst vor der Zukunft reduziert.
Vertrauen ist eine Frage der Gruppenzugehörigkeit. Wenn der andere einer von „uns“ ist, erhält er einen „Vertrauensbonus“. Wer die gleiche Sprache spricht, wer zum selben Verein gehört, wer meiner Konfession angehört, dem schenken wir eher Vertrauen als dem Fremden, dem Andersartigen, dem Querkopf.
Vertrautheit entsteht durch häufige Kontakte oder durch gute Erfahrungen in der Vergangenheit. Die Erfahrungen, die einer in der Vergangenheit gemacht hat, zeichnen ihn aus und man vertraut ihm eher. Wenn eine Gruppe sich verlaufen hat, hören alle auf den, der sagt: „Ich kenne den Weg. Ich bin ihn mehrmals gegangen.“ Die Gruppe hat keine andere Wahl. Nöllke nennt dies „Vertrauen in Notwehr“.
„In vertrauten Welten dominiert die Vergangenheit über Gegenwart und Zukunft“, schreibt Luhmann. Die Orientierung an der Vergangenheit erleichtert unser Leben. Man glaubt, dass das Vertraute trägt und das Bewährte sich wiederholt. Die Lebenserfahrungen sind ja nicht umsonst.
Das Bekannte und Erprobte wird sich in die Zukunft fortsetzen. Aber die Wirklichkeit ist so komplex, dass wir jeden Tag auch neu dazulernen müssen.

Wort durch den Tag

Wie begegnen Sie Fremden? Vertrauen Sie leichter, wenn Sie den anderen kennen?

14. Tag · Donnerstag in der 2. Fastenwoche

Vertrauen ist immer ein Risiko

Zitat des Tages
„Vertrauen gibt es nicht ohne Risiko. Wem vertraut wird, kann dem Vertrauenden einen Schaden zufügen" (Matthias Nöllke).

Wort zum Tag
Wohl alle sehen heute gern ein Brautpaar. In kirchlichen Trauungen habe ich es oft beobachtet. Wir sprechen von Trauung und hören das Wort „vertrauen, sich trauen". Zwei Menschen wagen in der kirchlichen Feier zu sagen: „Bis der Tod uns scheidet". Ein gewagtes Wort in einer Zeit, wo jede dritte Ehe wieder geschieden wird. Nicht die Äußerlichkeit wie das Brautkleid ist wichtig, sondern das Wagnis der Trauung steht im Mittelpunkt unserer Bewunderung. So ist das mit der Liebe: Dennoch und trotzdem wagen junge Menschen, ihr Leben in die Hand eines anderen zu legen. Gemeinde und Priester können nur hoffen und beten, dass das Vertrauen zur lebenslangen Treue wird.
Vertrauen ist ein Wagnis. Ohne Risiko gibt es kein Vertrauen, so Nöllke. Luhmann nennt es eine „riskante Vorleistung". Wer vertraut, macht sich verwundbar. Je höher der Einsatz ist, umso größer der Schmerz, wenn man belogen und betrogen wird.
Meistens geschieht die riskante Vorleistung in Erwartung einer Gegenleistung. Wer sein Kind einem Babysitter anvertraut, hofft, dass sein Kind einen liebevollen Menschen erlebt. Wer auf dem Bahnsteig einen Fremden bittet, einen Moment auf seinen Koffer zu achten, setzt nicht so viel ein wie der, welcher sein Kind einem anderen anvertraut. Es ist

wunderbar, wenn man einen Nachbarn hat, dem man zu Beginn des Urlaubs ohne Bedenken den Wohnungsschlüssel in die Hand drücken kann, damit er mal die Blumen gießt.
Wenn der Vertrauensgeber ein großes Risiko eingeht, können wir uns der Bitte meistens nicht entziehen. Der andere zählt auf uns. Durch den Vorschuss an Vertrauen kann man andere somit auch unter Druck setzen. Sie fühlen sich verpflichtet, die Bitte zu erfüllen.
Durch geschenktes Vertrauen gewinnt der Vertrauensempfänger Macht. Er könnte dem Vertrauensgeber einen großen Schaden zufügen. Je mehr Vertrauen investiert wird, je größer der Einsatz ist, umso unangenehmer sind die Folgen bei einer Enttäuschung. Zum Beispiel, wenn ein Vorgesetzter einen Mitarbeiter mit einer komplexen, schwierigen Aufgabe beauftragt und sagt: „Ich verlass mich ganz auf Sie!" Wenn es schiefgeht und zu viel Vertrauen im Spiel war, kann eine Beziehung in die Brüche gehen.

Wort durch den Tag

„Der Stachel sitzt tief ..." Haben Sie den Schmerz einer tiefen Enttäuschung schon einmal erlebt? Wie haben Sie diese überwunden?

15. Tag · Freitag in der 2. Fastenwoche

Vertrauensbruch

Zitat des Tages
„Jemand bricht vorsätzlich oder auch leichtfertig das Vertrauensverhältnis. Dann ist das weitere vertrauliche Miteinander kaum noch möglich“ (Matthias Nöllke).

Wort zum Tag
Jedes Vertrauensverhältnis ist bedroht und kann scheitern. Unendlich viel Leid wird in Partnerschaften, Familien, Gemeinschaften und in der Gesellschaft durch Vertrauensbrüche verursacht. Jede Ehescheidung bringt nach so vielen Küssen und Liebesschwüren Not und Leid über den Partner, besonders aber über die Kinder. Der bleibende Schaden bei Scheidungskindern ist oft beschrieben worden.
Es wird vorsätzlich betrogen. Versprechen werden gebrochen. Oft hört man die Klage: „Kann man denn überhaupt noch einem Menschen vertrauen?“ Heiratsschwindler, Vertragsbrecher und Aktenfälscher missbrauchen vorsätzlich das Vertrauen. Gerichte sind heute überlastet. Sie sind damit beschäftigt, den Geschädigten Recht zu verschaffen.
In den Tagen, in denen ich diese Zeilen schreibe, höre ich fast täglich, dass die europäische Gemeinschaft ein weiteres Mal bereit ist, für die Schulden Griechenlands noch höhere Geldsummen für den „Rettungsschirm“ einzusetzen. Immer wird dabei vom Vertrauen gesprochen. In Portugal und Irland scheint das Vertrauen der Gemeinschaft zum Erfolg zu führen. Natürlich geht es dabei auch um die Rettung der eigenen Währung. Aber es gibt immer mehr Stimmen, die Griechenland eine Sanierung ihres Haushaltes nicht mehr

zutrauen. Viele glauben, dass die Anstrengungen zu gering sind. Wenn das Misstrauen in Europa gegen Griechenland weiter wächst, wird der griechische Staat Pleite machen. Es wird erneut sichtbar, wie Vertrauen oder Misstrauen die Wirtschaft und den Markt letztlich bestimmen.
Durch vorsätzliche oder leichtfertige Vertrauensbrüche wächst das Misstrauen. Doch nur mit Misstrauen kann keiner sein Leben so sicher machen, dass er in eigener Regie alles durchschauen und kontrollieren können. Kontrolle ist gut – aber ohne Vertrauen ist jeder überfordert.
Ich habe als Pfarrer im Zentrum einer Großstadt viele Menschen erlebt, die sich zurückziehen und dadurch selbst isolieren. Sie haben im Leben viele Enttäuschungen erfahren. Aber im Alter ist das kein Leben, seine Wohnungstür mit drei Vorhängeschlössern zusätzlich abzusichern. Reiche leisten sich Privatdetektive, bauen hohe Mauern um ihre Villa und schaffen sich Wachhunde an. Doch wie viele Ängste bestimmen ihre Tage und Nächte?

Wort durch den Tag
„Vertrauen ist gut, Kontrolle ist besser." Was halten Sie von diesem oft zitierten Wort?

16. Tag · Samstag in der 2. Fastenwoche

Vertrauen zurückgewinnen

Zitat des Tages

„Wem und worauf wir vertrauen, das ist so etwas wie die Landkarte, mit der wir durch unser Leben finden. Insoweit ermöglicht uns Vertrauen Orientierung. Das heißt aber auch, immer wenn Vertrauen verloren geht, dann ist das ein wenig so, als würden wir erfahren: Teile unserer Karte stimmen nicht mit der Wirklichkeit überein“ (Matthias Nöllke).

Wort zum Tag

Nach einem Winter schmilzt der Schnee nur ganz langsam. Und: „Heilen, was verwundet ist“ braucht Zeit, Sensibilität und viel Fingerspitzengefühl. So ist es auch mit dem Vertrauen: Wer Vertrauen zurückgewinnen will, muss Brücken der Verständigung bauen und Geduld haben.

Zuerst muss der Vertrauensbrecher zeigen, dass ihm die Situation leidtut. Eine ehrliche Entschuldigung ist der erste Schritt. Reue hat durchaus Bedeutung. Nöllke schreibt: „Wenn der Eindruck nicht täuscht, wird die Wirkung der Reue vielfach unterschätzt. Offenbar scheint es für manche verlockender, die Rolle des Bösewichts zu übernehmen als die des zerknirschten Sünders. Dabei zeigt die Erfahrung, dass der Letztere deutlich den besseren Schnitt macht.“

Aber der Entschuldigung muss auch eine Entschädigung folgen. Sonst glaubt man dem reumütigen Vertrauensbrecher nicht. Er muss es sich etwas kosten lassen. Nur wer Wiedergutmachung leistet, baut an der Brücke neuen Vertrauens.

Doch der Argwohn des Geschädigten verfliegt nicht so einfach. Er wurde durch den Vertrauensbruch zu sehr verunsi-

chert. In Zukunft wird er mit größerer Vorsicht und mit Misstrauen neues Vertrauen schenken. Er wird sich eher an das Wort Lenins halten: „Vertrauen ist gut, Kontrolle ist besser!"
Wer Vertrauen zurückgewinnen will, muss sich bewähren und solide leben. Einen Hochstapler und Schaumschläger hält man nicht für vertrauenswürdig. Alle Angst, dass noch mehr Enttäuschendes zum Vorschein kommen könnte, muss ausgeräumt werden. Offenheit ist wichtig und jede „Salamitaktik" ruiniert die Glaubwürdigkeit.
Sie möchten einen „neuen Anfang" machen? Das ist gar nicht so leicht zu vermitteln. Wem glaubt man heute einen solchen Entschluss? Früher nahmen viele das Wort ernst: „Ich gehe beichten und empfange die Sakramente. Ich möchte ganz neu beginnen!" Damit sind wir im religiösen Bereich. In der nächsten Woche befragen wir die Bibel, was sie zu dem Thema Vertrauen sagt.

Wort durch den Tag

Wann haben Sie einmal ihre Verletzung und ihre Bedenken überwunden und mit einem Menschen ganz neu begonnen?

Was sagt die Bibel?

17. Tag · Montag in der 3. Fastenwoche

„Die Menschen lügen alle“

Wort der Schrift

Voll Vertrauen war ich, auch wenn ich sagte: Ich bin so tief gebeugt. In meiner Bestürzung sagte ich: Die Menschen lügen alle (Ps 116,10-11).

Wort zum Tag

Die Bibel ist oft sehr kritisch, wenn es um unser Vertrauen auf Menschen und um die Verlässlichkeit des Mitmenschen geht. Im Psalm 109,2-4 heißt es sogar: „Denn ein Mund voll Frevel, ein Lügenmaul hat sich gegen mich aufgetan. Sie reden zu mir mit falscher Zunge, umgeben mich mit Worten voll Hass und bekämpfen mich ohne Grund. Sie befeinden mich, während ich für sie bete.“ Der Beter versucht dem Teufelskreis des Misstrauens zu entrinnen. Aber er wird jedem Menschen skeptisch begegnen. „Die Menschen lügen alle!“ (Ps 116,11).
„Kann man denn überhaupt niemandem mehr trauen?“ So fragte eine Frau in einem Gespräch. Ihr Mann hatte sie verlassen. Der bittere Vertrauensbruch hatte sie tief enttäuscht und gegen jeden misstrauisch gemacht. Ihre schlechten Erfahrungen hatten sie verletzlich gemacht. Ihr Misstrauen war für sie eine Art Schutzschild. Sie meinte: „Wenn man mit dem Schlimmsten rechnet, dann kann man auch nicht enttäuscht werden.“
Jeder Mensch hat sich in seinem Leben eine bestimmte Grundeinstellung hinsichtlich anderer Menschen zugelegt. Diese Grundeinstellung entwickeln wir aufgrund unserer Erfahrungen in der Kindheit. Kleine Kinder sind ganz vertrauensselig. Und dann kommt oft der Bruch.

Wir glauben, dass wir weniger enttäuscht werden, wenn wir dem anderen mit Vorsicht oder sogar mit Misstrauen begegnen. Viele Tests haben gezeigt, dass das Gegenteil gilt. Wer dem anderen vertraut, dem wird auch Vertrauen entgegengebracht. Wenn uns jemand kühl und reserviert begegnet, gehen wir meistens auf Distanz. Wir werden ihn nicht freudestrahlend empfangen. Wer anderen misstraut, wird häufiger enttäuscht und sieht sich darin bestätigt, dass sein Misstrauen berechtigt war. Man kann sagen: Wer vertraut, gewinnt, wer misstraut, verliert.

Wort durch den Tag

Teilen Sie das Wort aus dem Psalm 116: Die Menschen lügen alle!?

18. Tag · Dienstag in der 3. Fastenwoche

Mein Gottesbild

Wort der Schrift
Der Herr ist mein Hirte, nichts wird mir fehlen. Er lässt mich lagern auf grünen Auen und führt mich zum Ruheplatz am Wasser. Er stillt mein Verlangen; er leitet mich auf rechten Pfaden, treu seinem Namen. Muss ich auch wandern in finsterer Schlucht, ich fürchte kein Unheil; denn du bist bei mir (Ps 23,1-4).

Wort zum Tag
„Ich fürchte kein Unheil, denn du bist bei mir!" Gott begleitet mich. An meiner Seite der Freund, der mich nicht verlässt. Mein Wegbegleiter, der unerschütterlich zu mir steht und der treu ist. Ich habe keine Angst, „denn du bist bei mir!"
Besonders dieser Psalm 23 ist für mich eine große Ermutigung zum Vertrauen. Dieser Psalm bittet nicht. Der Beter weiß sich behütet vom guten Hirten, der über ihn wacht. Der Gebetstext strahlt Vertrauen aus und die Gewissheit: Ich bin nie allein. Wer vertraut, hat keine Angst.
„Fürchte dich nicht!" Das scheint ein Urwort aus dem Munde Gottes zu sein. Bei einem Exegeten las ich einmal, dass im Alten und Neuen Testament dieses Wort 365-mal vorkommt: „Fürchte dich nicht!" Ein Zufall oder ein Zeichen? Für jeden Tag des Jahres liegt es bereit. „Fürchte dich nicht!" An einem missmutigen Morgen ist dies wie die aufgehende Sonne, die alle Dunkelheit vertreibt. Denn: „Du bist bei mir!" Das ist das Schüsselwort meines Gottvertrauens.
Aber wenn Gott alles in seinen Händen hält, dann tut sich doch ein abgrundtiefes Geheimnis auf: Wie kann ich diese

Größe Gottes begreifen? Darf ich da noch glauben, dass Gott sich um jeden einzelnen Menschen kümmert und auf ihn Acht hat?
So haben es viele Denker gesehen. Auch die großen Religionen des Ostens sprechen von Gott nur wie von einem unpersönlichen Es. Zu diesem Gott kann man nicht Du sagen. Manche nennen Gott sogar das Nichts. Keine Bilder und keine Worte können ihn erfassen. Damit wird er ungreifbar und in weite Ferne gerückt.
Gott ist auch für mich der Verborgene. Er ist kein „Taschengott", über den ich verfüge. Aber die ganze Bibel erzählt mir, dass dieser ferne Gott den Menschen ganz nahe sein will. Er hat sich uns auf vielen Wegen offenbart. Die Schrift spricht nicht von einem Gott fern über den Wolken, sondern von einem Gott der Liebe, der ein leidenschaftliches Interesse an uns hat. Der heilige Augustinus sagt: „Gottes Leidenschaft ist der Mensch."
Israel durfte den Namen Gottes aus Ehrfurcht nicht aussprechen. Dennoch spricht dieses Volk immer wieder von der Nähe und Zuneigung seines Gottes. Im Buch Deuteronomium schildert Israel seine geschichtlichen Erlebnisse von Gottes Nähe: „Er hüllte ihn ein, gab auf ihn Acht und hütete ihn wie seinen Augenstern, wie der Adler, der sein Nest beschützt und über seinen Jungen schwebt, der seine Schwingen ausbreitet, ein Junges ergreift und es flügelschlagend davonträgt" (Dtn 32,10f.). Gott ist in der Bibel der Gott des Bundes. Er schließt einen Bund mit seinem Volk und verspricht ihm ewige Treue.
Im Neuen Testament wendet Gott nicht nur sein Interesse und seine Liebe den Menschen zu, in Christus nimmt er selbst Menschengestalt an. „Denn Gott hat die Welt so sehr geliebt, dass er seinen einzigen Sohn hingab, damit jeder, der an ihn glaubt, nicht zugrunde geht, sondern das ewige Leben

hat" (Joh 3,16). Inkarnation – Menschwerdung ist der Liebesbeweis unseres Gottes.
Wenn Gott sich auch mir so offenbart, dann möchte ich antworten mit grenzenlosem Vertrauen. Ja, ich fürchte kein Unheil, „denn du bist bei mir!" Das ist der Testfall meines Glaubens. Manchmal habe ich ihn bestanden, manchmal nicht. Ich hoffe und bete darum, dass ich am Ende – im Tod – nicht enttäuscht werde.

Wort durch den Tag

„Hier sitze ich neben dir", sagte Gott zu seinem eifrigen Anhänger, „und du zerbrichst dir den Kopf weiter über mich, bemühst deine Zunge, um über mich zu reden, und verschlingst Bücher, um über mich zu lesen. Wann wirst du endlich still und spürst mich?" (Anthony de Mello).

19. Tag · Mittwoch in der 3. Fastenwoche

Eine Liebesgeschichte

Wort der Schrift
Gott hat die Welt so sehr geliebt, dass er seinen einzigen Sohn hingab, damit jeder, der an ihn glaubt, nicht zugrunde geht, sondern das ewige Leben hat (Joh 3,16).

Wort zum Tag
Noch einmal möchte ich von meinem Gottesbild sprechen, denn nur so kann ich meine Vertrauensfähigkeit begründen. Da ist mir besonders dieses Bibelwort aus dem Evangelium des Johannes wichtig geworden. „So sehr hat Gott die Welt geliebt, dass er uns seinen einzigen Sohn gesandt hat, um uns zu retten." Gott ist ein Gott der Beziehungen. Er genügt sich nicht selbst über Wolken. Er hat ein leidenschaftliches Interesse an uns Menschen.
Dass wir so von Gott sprechen dürfen! Er ist kein Patriarch, der Tribut fordert. Gott, der sich uns als barmherziger Vater zeigt, und manchmal füge ich „Mutter" hinzu – ist das nicht wunderbar? Heilsgeschichte ist eine Beziehungsgeschichte. Wer einen Bund schließt, macht sich verletzbar in seiner Liebe.
Heilsgeschichte ist für mich tägliche Wirklichkeit. In der Eucharistie ist er uns nahe in seinem Wort und im Zeichen des gebrochenen Brotes. Am Abend vor seinem Tod, beim Paschamahl, nahm Jesus Brot, brach es und sprach: „Dies ist mein Leib, für euch hingegeben." Dieses „pro vobis", das „Für euch hingegeben" ist ein anspruchsvolles Wort.
Kann man solch ein Lebensopfer überhaupt annehmen? Je länger ich darüber nachdenke, umso mehr wünsche ich mir

dies, dass einer für mich da ist, dass einer für mich eintritt und im Notfall alles riskiert.
Ist das nicht die Sehnsucht unserer Tage: Einer/eine für den anderen? – wo so viele gezwungen sind, allein über die Runden zu kommen. Brauche ich nicht wenigstens einen Freund, einen Verbündeten? Wie sollte ich leben, wenn keiner mehr einen Finger für mich krümmt?
Einer für den anderen? – Doch, das gibt es ja! Ohne zu rechnen, tritt der eine für den anderen im Notfall ein. Wie sollte eine Gesellschaft überleben, wenn es das nicht gäbe: Einer für den anderen – umsonst und freiwillig und ohne die Frage: Was habe ich davon?
Einer für den anderen – das gibt es täglich. Wenn einer Überstunden macht, um den kranken Kollegen zu entlasten, wenn einer schweigt und den Fehler eines anderen auf sich nimmt.
Einer für den anderen – das kann ich nicht fordern, das bekomme ich geschenkt. Maximilian Kolbe, der im KZ in Auschwitz für einen Mithäftling in den Hungerbunker ging, setzte sein Leben für einen Familienvater von fünf Kindern ein. Weil es diese Zeichen der Liebe gibt, können wir leben!

Wort durch den Tag

Wenn es gefährlich wird, springen sie ein, die sogenannten Stuntmen. In der Film- und Fernsehwelt gibt es sie, die Doubles, die dann für die Schauspieler Kopf und Kragen riskieren, wenn die Geschichte halsbrecherisch wird.
Der Theologe Johann Baptist Metz meint: „In meinen Augen ist das Christentum die gewagteste Inszenierung der Weltgeschichte. Gott selbst ist in sie verwickelt."
Jesus ist der Stuntman Gottes: Er vertritt die Sache Gottes und riskiert alles – auch für mich und dich. Das kostete ihn das Leben …

20. Tag · Donnerstag in der 3. Fastenwoche

Verlässliche Worte

Wort der Schrift

Verlasst euch nicht auf Fürsten, auf Menschen, bei denen es doch keine Hilfe gibt ... Wohl dem, dessen Halt der Gott Jakobs ist und der seine Hoffnung auf den Herrn, seinen Gott, setzt. Der Herr hat Himmel und Erde gemacht, das Meer und alle Geschöpfe; er hält ewig die Treue (Ps 146,3-6).

Wort zum Tag

Sie ist eine geachtete Frau. Sie hatte gelernt, sich durchzusetzen. Sie hatte eine Ehescheidung überstanden und Sparsamkeit gelernt. Ihren Kindern ermöglichte sie das Studium. „Blauäugigkeit" hasste sie und kalkulierte nüchtern. Sie zitierte öfters: „Vertrauen ist gut, Kontrolle ist besser". In der Kirchengemeinde ist sie engagiert und leitet einen Bibelkreis. Sie ist kritisch, aber fest verwurzelt im Glauben. Ich wollte von ihr wissen: Wie passt das zusammen? Ihre vielen Enttäuschungen und Ihre selbstsichere Glaubenspraxis? – „Woran soll ich mich denn festmachen, wenn nicht an Gott! Der ist mir geblieben. Der verlässt mich nicht", antwortete sie. Auf Gottes Wort vertraute sie.

Später zeigt sie mir einen Zettel, den sie in der Brieftasche immer bei sich trug. Darauf stand: „Dort werdet ihr den Herrn, deinen Gott, wieder suchen. Du wirst ihn auch finden, wenn du dich mit ganzem Herzen und mit ganzer Seele um ihn bemühst. Wenn du in Not bist, werden alle diese Worte dich finden" (Dtn 4,29-31).

Welche Worte werden uns finden? Welche Worte werden uns zur rechten Zeit zufallen? Wenn ich täglich in Chorgebet etwa zehn Psalmen bete, dann kommt mir das vor, als würde ich jeden Tag zum festen Vertrauen auf Gott herausgefordert. Ich zitiere einige Beispiele:

> In deine Hände lege ich voll Vertrauen meinen Geist; du hast mich erlöst, Herr, du treuer Gott (Ps 31,6).
>
> An dem Tag, da ich mich fürchten muss, setze ich auf dich mein Vertrauen (Ps 56,4).
>
> Gott nahe zu sein, ist mein Glück. Ich setze auf Gott, den Herrn, mein Vertrauen (Ps 73,28).

Das Buch der Psalmen, ja die ganze Bibel enthält „Lehrbücher" zur Einübung in das Vertrauen auf Gott. Oft wird das Versprechen Gottes aus dem Buch des Propheten Jesaja zitiert: „Kann denn eine Frau ihr Kindlein vergessen, eine Mutter ihren leiblichen Sohn? Und selbst wenn sie ihn vergessen würde: ich vergesse dich nicht" (Jes 49,15). Das ist der Treueschwur, den Gott jedem Menschen schenkt.
Jesus selbst betont fast immer bei jeder Heilung eines Kranken: „Dein Glaube hat dich gesund gemacht." Die heilende Kraft liegt in uns selbst. Wir müssen nur glauben und vertrauen. Jesus spricht vom Senfkorn des Vertrauens. „Wenn euer Glaube auch nur so groß ist wie ein Senfkorn, dann werdet ihr zu diesem Berg sagen: Rück von hier nach dort!, und er wird wegrücken. Nichts wird euch unmöglich sein" (Mt 17,20).

Wort durch den Tag

Was Gott tut, das ist wohlgetan; es bleibt gerecht sein Wille
wie er fängt seine Sachen an, will ich ihm halten stille.
Er ist mein Gott, der in der Not
mich wohl weiß zu erhalten; drum lass ich ihn nur walten.

Samuel Rodigast

21. Tag · Freitag in der 3. Fastenwoche

Die Lilien des Feldes

Wort der Schrift

Sorgt euch nicht um euer Leben und darum, dass ihr etwas zu essen habt, noch um euren Leib und darum, dass ihr etwas anzuziehen habt. Ist nicht das Leben wichtiger als die Nahrung und der Leib wichtiger als die Kleidung?
Seht euch die Vögel des Himmels an: Sie säen nicht, sie ernten nicht und sammeln keine Vorräte in Scheunen; euer himmlischer Vater ernährt sie. Seid ihr nicht viel mehr wert als sie? Wer von euch kann mit all seiner Sorge sein Leben auch nur um eine kleine Zeitspanne verlängern?
Und was sorgt ihr euch um eure Kleidung? Lernt von den Lilien, die auf dem Feld wachsen: Sie arbeiten nicht und spinnen nicht. Doch ich sage euch: Selbst Salomo war in all seiner Pracht nicht gekleidet wie eine von ihnen. Wenn aber Gott schon das Gras so prächtig kleidet, das heute auf dem Feld steht und morgen ins Feuer geworfen wird, wie viel mehr dann euch, ihr Kleingläubigen! (Mt 6,25-30).

Wort zum Tag

„Alles ist machbar" – so könnte man das Lebensgefühl vieler Menschen heute beschreiben: Wenn wir die richtigen Voraussetzungen schaffen, ist den modernen Menschen nichts unmöglich. Was sollen wir heute mit dem Gleichnis von den Vögeln des Himmels und den Lilien auf dem Felde anfangen? Diese Sorglosigkeit passt nicht mehr in unsere Zeit.
Manchmal habe ich das Gefühl: Wir sind wie auf der Titanic. Unser Schiff ist unsinkbar. Wir sehen die Eisblöcke – aber glauben fest daran: Unsere Navigation ist so perfekt, uns wird

schon nichts passieren. Wir lassen dem Zufall keinen Spielraum. Wir brauchen auch keinen Gott mehr. Wir machen das selbst.

Heute nagt der Zweifel an dieser Einstellung. Es bleiben zu viele Probleme, die wir nicht bewältigen, wie zum Beispiel den Klimawandel. Die Eisblöcke, die bei der Jungfernfahrt der Titanic das Schiff versenkten, brauchen wir bald nicht mehr zu umschiffen. Sie sind längst geschmolzen. – In vielen Bereichen des Lebens wird unsere Fähigkeit zu vertrauen einem „Stresstest“ unterzogen. Nach dem Reaktorunfall in Japan ist unser Vertrauen auf die Beherrschbarkeit der Kernspaltung stark erschüttert. Der Ausstieg aus der Nutzung der Atomenergie war nur konsequent.

Ob es sich um die Schuldenkrise, um Finanztransaktionen oder um die Begutachtung von Doktorarbeiten handelt, ohne Vertrauen geht das nicht. Selbst die Einführung des neuen Kraftstoffs E 10 scheiterte, weil die Leute kein Vertrauen in das neue Biogemisch hatten. Vertrauen ist eine zerbrechliche Ressource.

Ob in der heutigen Vertrauenskrise der Hinweis auf die „Vögel des Himmels“ und die „Lilien des Feldes“ uns weiterhelfen? „Seht euch die Vögel des Himmels an: Sie säen nicht, sie ernten nicht und sammeln keine Vorräte in Scheunen; euer himmlischer Vater ernährt sie. Seid ihr nicht viel mehr wert als sie?“ Und die Lilien des Feldes? Billige Vertröstung? Wer mit Gott rechnet, wer ihn etwas zutraut, wird gelassener. Gott kann das Fehlende ergänzen. Ich muss nicht perfekt sein.

Wir erzählen in unserer Brüdergemeinschaft von einem alten Pater, der täglich viele Begegnungen im Sprechzimmer des Klosters hatte. Er verabschiedete seine Gäste an der Pforte mit dem Worten: „Heute Abend schließe ich Ihre Anliegen in mein Gebet ein.“ Abends traf der Pförtner seinen Mitbruder beim Fest der Gemeinschaft. Er sagte: „Du hast heute so oft den Gästen dein Gebet versprochen. Du musst auf den Knien sein und für sie beten." Der alte Pater antwortete: „Ja, das ist mir sehr wichtig. Wenn ich auf der Bettkante sitze, lasse ich noch einmal alle Gesichter der Gesprächspartner kommen. Dann sage ich „Chefsache!" Danach schlafe ich ruhig ein.

Wort durch den Tag

Wenn das Dunkel mich überfällt,
wenn die Zweifel und die Traurigkeit das Herz zusammenpressen,
wenn das Leben mir selbst zum Rätsel wird,
dann standhalten und kämpfen.
Das gläubige Vertrauen des Kindes neu entdecken.
Die verlässlichen Bilder gegen die Angst immer wieder anschauen.
Den Mut finden, weiterzugehen.
Die letzten Möglichkeiten ausschöpfen und den Segen des Himmels herabrufen.
Die Lilien des Feldes blühen auch heute.

22. Tag · Samstag in de 3. Fastenwoche

Soli deo – Gott allein

Wort der Schrift

Wer im Dunkel lebt und wem kein Licht leuchtet, der vertraue auf den Namen des Herrn und verlasse sich auf seinen Gott (Jes 50,10).

Wort zum Tag

Gott allein ist das Fundament, das uns trägt. Er allein ist der Fels in der Brandung. Er ist unser Wegbegleiter, auf den wir uns verlassen können.

„Soli deo" ist das anspruchsvollste Wort in der Geschichte der Spiritualität. Die Mönche, die Brüder und Schwestern in den Klöstern versuchen, Gott ganz in die Mitte ihres Lebens zu stellen. „Gott allein genügt!", sagte Theresa von Avila ihren Schwestern. Man könnte das „Gott allein" auch beim Vertrauen betonen. Nur bei Gott wird man nicht enttäuscht.

Das Alte Testament ist ein Lehr- und Lernbuch des Vertrauens. Das hebräische „batah" wird immer wieder betont. Das Wort bedeutet: sich sicher fühlen, sorglos sein, sich auf jemand verlassen können. Zuerst betont die Bibel, worauf man sich nicht verlassen kann. Es gibt so vieles, woran der Mensch sein Herz hängt, worauf er sein Leben aufbauen will. Und doch wird er enttäuscht. Reichtum zum Beispiel gibt keine Sicherheit. Das haben viele in der Finanzkrise erfahren. „Wer sich auf seinen Reichtum verlässt, der kommt zu Fall", behauptet die Schrift (Spr 11,28). Und in den Psalmen heißt es: „Seht, das ist der Mann, der nicht zu Gott seine Zuflucht nahm; auf seinen großen Reichtum hat er sich verlassen und auf seinen Frevel gebaut. Ich aber bin im

Haus Gottes wie ein grünender Ölbaum; auf Gottes Huld vertraue ich immer und ewig" (Ps 52,9-10). Auch nützen feste Städte und Mauern nichts, „auf die du vertraust" (Jer 5,17). Auch Wagen und Rosse und viele Soldaten bringen keine Sicherheit. „Denn ich verlasse mich nicht auf meinen Bogen, noch kann mein Schwert mir helfen" (Ps 44,7). Selbst bei Fürsten kann man sich nicht sicher fühlen: „Verlasst euch nicht auf Fürsten, auf Menschen, bei denen es doch keine Hilfe gibt" (Ps 146,3). Die Skepsis ist im Alten Testament sehr groß. Selbst in Freunden kann man sich irren: „Die Menschen lügen alle!"

Der einzige Halt ist Gott selbst. Bei ihm findet jeder Geborgenheit und Treue. „Verlasst euch auf den Herrn." Diese Mahnung wiederholt die Schrift immer wieder. „Mit ganzem Herzen vertrau auf den Herrn, bau nicht auf eigene Klugheit" (Spr 3,5). „Vertrau auf den Herrn und tu das Gute … befiehl dem Herrn deinen Weg und vertrau ihm; er wird es fügen" (Ps 37,3.5).

„Vertrau ihm, Volk Gottes, zu jeder Zeit! Schüttet euer Herz vor ihm aus! Denn Gott ist unsere Zuflucht" (Ps 62,9). Ich könnte diese Reihe mit Zitaten weiterführen. Die Schrift beschwört den Leser: Soli deo – Gott allein!

Die Bibel begründet auch dieses grenzenlose Vertrauen: „Darum vertraut dir, wer deinen Namen kennt; denn du, Herr, verlässt keinen, der dich sucht" (Ps 9,11). „Wer im Dunkel lebt und wem kein Licht leuchtet, der vertraue auf den Namen des Herrn und verlasse sich auf seinen Gott" (Jes 50,10). Oft hören wir das Bekenntnis: „Ich verlasse mich auf dich, auf deine Treue und Gnade!" In der Not ist Verlass auf Gott. Er rettet die, die zu ihm rufen. Vertrauen ist der Existenzgrund des Gläubigen. Zu ihm kann man in jeder Not seine Zuflucht nehmen. „Viele werden es sehen, sich in Ehrfurcht neigen und auf den Herrn vertrauen. Wohl dem

Mann, der auf den Herrn sein Vertrauen setzt, sich nicht zu den Stolzen hält noch zu treulosen Lügnern" (Ps 40,4-5).

Wort durch den Tag

„Mensch, du hast es gut, dass du glauben kannst", sagte mir einmal ein Obdachloser. Er meinte so etwas wie ein Fundament unter den Füßen, wenn die Stürme uns entwurzeln wollen. Er meinte so etwas wie die Hand, an der man sich festhalten kann. Wie eine Schulter, an die man sich anlehnen kann. Mir wurde klar, dass ich dankbar sein sollte, wenn ich glauben und vertrauen kann.

Beispiele

23. Tag · Montag in der 4. Fastenwoche

Ein Wort

Wort der Schrift

Herr, du hast mich erforscht und du kennst mich. Ob ich sitze oder stehe, du weißt von mir. Von fern erkennst du meine Gedanken. Ob ich gehe oder ruhe, es ist dir bekannt; du bist vertraut mit all meinen Wegen (Ps 139,1-3).

Wort zum Tag

Der Psalm 139 wird von einigen als tägliches Gebet gesprochen. Gott, der mich kennt und mit dem Ursprung meiner Lebensgeschichte vertraut ist, ist mein treuer Wegbegleiter. „Denn du hast mein Inneres geschaffen, mich gewoben im Schoß meiner Mutter. Ich danke dir, dass du mich so wunderbar gestaltet hast. Ich weiß: Staunenswert sind deine Werke" (Ps 139,13-14).

Es gibt Gebete und Texte in unseren Tagen, die genau dieses Vertrauen auf die Wegbegleitung Gottes ausdrücken. Auch in der Not ist er da.

Als ich im Fernsehen Anfang der 70er-Jahre in einem „Wort zum Sonntag" den folgenden Text „Spuren im Sand" vortrug, wurde ich später mit Anfragen nach diesem Text überhäuft. Oft wurde er in Büchern und Zeitschriften veröffentlicht. Als Fotokarte wurde er abgedruckt. Dieser Text von Margaret Fishback Powers hat eine erstaunliche mediale Wirkung. Viele Menschen fühlen sich angesprochen:

Spuren im Sand

Eines Nachts hatte ich einen Traum:
Ich ging am Meer entlang mit meinem Herrn.

Vor dem dunklen Nachthimmel
erstrahlten, Streiflichtern gleich,
Bilder aus meinem Leben.
Und jedes Mal sah ich zwei Fußspuren im Sand,
meine eigene und die meines Herrn.

Als das letzte Bild an meinen Augen
vorübergezogen war, blickte ich zurück.
Ich erschrak, als ich entdeckte,
dass an vielen Stellen meines Lebensweges
nur eine Spur zu sehen war.
Und das waren gerade die schwersten
Zeiten meines Lebens.

Besorgt fragte ich den Herrn:
„Herr, als ich anfing, dir nachzufolgen,
da hast du mir versprochen,
auf allen Wegen bei mir zu sein.
Aber jetzt entdecke ich,
dass in den schwersten Zeiten meines Lebens
nur eine Spur im Sand zu sehen ist.
Warum hast du mich allein gelassen,
als ich dich am meisten brauchte?“

Da antwortete er: „Mein liebes Kind,
ich liebe dich und werde dich nie allein lassen,
erst recht nicht in Nöten und Schwierigkeiten.
Dort, wo du nur eine Spur gesehen hast,
da habe ich dich getragen.“

Margaret Fishback Powers

Wort durch den Tag

Ihr „Ohrwurm“ für diesen Tag: „Da habe ich dich getragen!“

24. Tag · Dienstag in der 4. Fastenwoche

Ein Bild

Wort der Schrift

Wüste und Öde sollen sich freuen, die Steppe soll jubeln und blühen! Bedeckt mit Blumen, soll sie üppig blühen … Mein Volk wird die Herrlichkeit des Herrn schauen, die Pracht unseres Gottes. Stärkt die schlaffen Hände, festigt die schlotternden Knie! Sprecht zu den Verzagten: Seid stark, fürchtet euch nicht! Seht da, euer Gott! (nach Jes 35,1-4).

Wort zum Tag

Bei einer Wanderung durch die Wüste Juda stand ich plötzlich vor ihr. Soweit das Auge reichte, nur Sand und Steine, Trockenheit und Dürre. Ich konnte es nicht fassen, dass hier eine Blume wachsen kann. Eine Asphodelus-Blüte leuchtete wie die „Lilie des Feldes, und selbst Salomo war in all seiner Pracht nicht gekleidet wie sie" (nach Mt 6,29).

Mitten in der Wüste die Blüte.
Alles ringsum ist steinig, trocken, verdorrt –
Lebensbedrohendes, feindliches Land.

Woher nimmt die Blume den Mut, hier zu blühen?
Woher schöpft sie die Kraft für dieses Wagnis?
Wo ist die Quelle für solche Schönheit?

Die Wüste ist fruchtbar und schön.
Mit einer einzigen Blüte entfaltet sie
die ganze Pracht des Lebens.

Das kann bedeuten:
Du darfst vertrauen, dass wider Erwarten
blühendes Leben hervorbricht mitten in deiner Wüste.

Ein Verlag druckte eine Karte mit diesem Foto und dem kurzen Text. Die Postkarte war ganz schnell vergriffen. Vielleicht hat sie viele bestärkt und ermutigt? Was hilft uns, wenn uns Resignation und Verzagtheit an unsere Grenzen führen? Wo sind verlässliche Worte und Bilder, die neue Hoffnung wecken?
In der Bibel gibt es ein Bild, das die Israeliten in der Babylonischen Gefangenschaft wieder auf die Beine gebracht hat. Das Bild von der blühenden Wüste. Wer eine blühende Wüste erlebt, ist tief beeindruckt. Monate-, manchmal jahrelang verbranntes, trockenes Land. Dann der Regen und in ganz kurzer Frist verwandelt sich die Einöde in einen blühenden Garten.
Im Babylonischen Exil hatte Israel keine Erwartung mehr an die Zukunft. Jerusalem lag in Asche, das Volk war in der Verbannung zerstreut. Da weckt der Prophet Jesaja ihre Lebenskräfte mit einem Bild: „Sagt den Verzagten: Habt Mut,

fürchtet euch nicht! Seht, hier ist euer Gott!“ (Jes 35,4). Er kann aus der Wüste einen blühenden Garten machen. Die Öde und Steppe blühen üppig. Begreift doch, was Gott vermag! „Macht die erschlafften Hände wieder stark und die wankenden Knie wieder fest!“ (Jes 35,3).

Wort durch den Tag

Wenn wir eine Zeit der Wüstenwanderung erleben, dann halten wir Ausschau nach den Oasen. Das ist eine Erfahrung, die viele gemacht haben: Je dunkler es wird, umso deutlicher schenkt Gott uns ein Licht, das uns den Weg weist. Gertrud von Le Fort hat diese Erfahrung in Verse gefasst:

> Denn nicht nur der lichte Tag, auch die Nacht hat ihre Wunder.
> Es gibt Blumen, die nur in der Wildnis gedeihen,
> Sterne, die nur am Horizont der Nacht erscheinen.
> Es gibt Erfahrungen der göttlichen Liebe,
> die nur in der äußersten Verlassenheit,
> ja, am Rand der Verzweiflung geschenkt werden.

Gertrud von Le Fort

25. Tag · Mittwoch in der 4. Fastenwoche

Ein Lied

Wort der Schrift

Der Herr ist deine Zuflucht, du hast dir den Höchsten als Schutz erwählt. Dir begegnet kein Unheil, kein Unglück naht deinem Zelt. Denn er befiehlt seinen Engeln, dich zu behüten auf all deinen Wegen (Ps 91,9-11).

Wort zum Tag

Manchmal summe ich am Morgen eine Melodie und ich beginne den Tag mit Zuversicht und Vertrauen. Dabei ist mir die Melodie des Liedes „Wer nur den lieben Gott lässt walten" sehr vertraut.

Das Lied gehört zu den verbreitetsten deutschen Kirchenliedern. Es wird nicht nur im eigenen Sprachraum gesungen, sondern steht in allen Gesangbüchern der Welt. Es ist der Text, aber auch die Melodie, die Christen auf der ganzen Welt anspricht. Die in g-moll gehaltene Melodie mit ihrer schwermütigen Stimmung steht in Spannung zu der zuversichtlichen Aussage des Textes.

Im Original hat das Lied sieben Strophen, das Georg Neumark als 20-Jähriger komponiert und gedichtet hat. Die erste, zweite und siebte Strophe stehen unter Nummer 295 im römisch-katholischen Gotteslob (EG 369), dem Gesangbuch der deutschen und österreichischen Katholiken. Georg Neumark hat dieses Lied als Dank für eine glückliche Wende in seinem persönlichen Leben niedergeschrieben. Der Text spricht nicht Gott an, sondern ist ein Bekenntnis zum Gottvertrauen: Wer Gott walten lässt, wer immer auf ihn sein Vertrauen setzt, der wird nicht enttäuscht, den wird Gott nicht verlassen.

2. Was helfen uns die schweren Sorgen,
was hilft uns unser Weh und Ach?
Was hilft es, dass wir alle Morgen
beseufzen unser Ungemach?
Wir machen unser Kreuz und Leid
nur größer durch die Traurigkeit.

3. Sing, bet und geh auf Gottes Wegen,
verricht das Deine nur getreu
und trau des Himmels reichem Segen,
so wird er bei dir werden neu.
Denn welcher seine Zuversicht
auf Gott setzt, den verlässt er nicht.

Georg Neumark

Georg Neumark wurde 1621 geboren, war Bibliothekar in Weimar, floh dann vor dem grausamen Krieg seiner Zeit mit einer

Kaufmannsfuhre, die nach Norden reiste. Die Gesellschaft wurde unterwegs überfallen und ausgeraubt. Auch Neumark erlebte Hunger und Armut. Er suchte lange nach einer Anstellung. In der Stadt Kiel wurde ihm 1642 eine Stelle als Lehrer angeboten. Für das gleichsam vom Himmel gefallene Glück dankt er mit dem Lied: „Wer nur den lieben Gott lässt walten …"

Wort durch den Tag

Welche Melodien und Lieder trösten und ermutigen Sie?

26. Tag · Donnerstag in der 4. Fastenwoche

Ein Brief

Wort der Schrift

Paulus, Gefangener Christi Jesu, und der Bruder Timotheus an unseren geliebten Mitarbeiter Philemon …
Ich danke meinem Gott jedes Mal, wenn ich in meinen Gebeten an dich denke. Denn ich höre von deinem Glauben an Jesus, den Herrn, und von deiner Liebe zu allen Heiligen. Ich wünsche, dass unser gemeinsamer Glaube in dir wirkt und du all das Gute in uns erkennst, das auf Christus gerichtet ist. Es hat mir viel Freude und Trost bereitet, dass durch dich, Bruder, und durch deine Liebe die Heiligen ermutigt worden sind.
Obwohl ich durch Christus volle Freiheit habe, dir zu befehlen, was du tun sollst, ziehe ich es um der Liebe willen vor, dich zu bitten. Ich, Paulus, ein alter Mann, der jetzt für Christus Jesus im Kerker liegt, ich bitte dich für mein Kind Onesimus, dem ich im Gefängnis zum Vater geworden bin. Früher konntest du ihn zu nichts gebrauchen, doch jetzt ist er dir und mir recht nützlich. Ich schicke ihn zu dir zurück, ihn, das bedeutet mein eigenes Herz. Ich würde ihn gern bei mir behalten, damit er mir an deiner Stelle dient, solange ich um des Evangeliums willen im Gefängnis bin. Aber ohne deine Zustimmung wollte ich nichts tun. Deine gute Tat soll nicht erzwungen, sondern freiwillig sein. Denn vielleicht wurde er nur deshalb eine Weile von dir getrennt, damit du ihn für ewig zurückerhältst, nicht mehr als Sklaven, sondern als weit mehr: als geliebten Bruder. Das ist er jedenfalls für mich, um wie viel mehr dann für dich, als Mensch und auch vor dem Herrn.

Wenn du dich mir verbunden fühlst, dann nimm ihn also auf wie mich selbst! Wenn er dich aber geschädigt hat oder dir etwas schuldet, setz das auf meine Rechnung!
Ich, Paulus, schreibe mit eigener Hand: Ich werde es bezahlen – um nicht davon zu reden, dass du dich selbst mir schuldest. Ja, Bruder, um des Herrn willen möchte ich von dir einen Nutzen haben. Erfreue mein Herz; wir gehören beide zu Christus. Ich schreibe dir im Vertrauen auf deinen Gehorsam und weiß, dass du noch mehr tun wirst, als ich gesagt habe. Bereite zugleich eine Unterkunft für mich vor! Denn ich hoffe, dass ich euch durch eure Gebete wiedergeschenkt werde (Brief an Philemon 1-22).

Wort zum Tag

Dieser Brief ist sehr persönlich geschrieben und soll das Leben des Sklaven Onesimus retten. Dieser war seinem Herrn Philemon entlaufen. Darauf stand nach römischen Recht die Todesstrafe. Der Sklave Onesimus kam auf seiner Flucht zu Paulus, der im Gefängnis saß. Paulus taufte Onesimus, der ihm sehr hilfreich war. Aber Paulus schickte den Sklaven zu seinem Herrn zurück und gab ihm einen Brief mit, der im Jahre 55 n. Chr. geschrieben wurde.
Paulus gebraucht all seine Schreibkunst, damit der Christ Philemon, in dessen Haus die Gemeinde von Kolossä sich versammelte, den Sklaven Onesimus wie einen Bruder aufnehme. Paulus rettet mit diesem Brief das Leben des Onesimus und leistet einen Betrag zum bedrückenden Sklavenproblem in den christlichen Gemeinden.
Zuerst lobt Paulus den Philomon und gewinnt somit sein Wohlwollen. „Jedes Mal, wenn ich an dich denke, danke ich Gott, dass es dich gibt … Du hast mir Freud und Trost bereitet.“ Paulus begründet auch seine Freude: Philemon ermutigt die Gemeinde und ist ein Beispiel für jeden Christen. Jetzt

kann nichts mehr schiefgehen, wenn „unser gemeinsamer Glaube in dir wirkt".
Damit es Philemon weiß: Paulus will nur bitten, nicht befehlen. Er bittet um die freiwillige gute Tat. Er hat den Sklaven Onesimus, den „Taugenichts", getauft. Das hat alles verändert. Onesimus ist wie ein Kind und Paulus ist ihm im Gefängnis zum Vater geworden. Er würde ihn gern behalten. Ist das nicht ein wunderbarer Satz? „Ich schicke ihn zu dir zurück, ihn, das bedeutet mein eigenes Herz." Damit die Voraussetzungen klar sind, betont Paulus noch einmal: „Ohne deine Zustimmung wollte ich nichts tun. Deine gute Tat soll nicht erzwungen, sondern freiwillig sein. Das hat der Himmel gefügt, das war Vorsehung. Gott möchte ihn dir zurückgeben, aber nicht mehr als Sklave, sondern als ‚geliebten Bruder'."
Die gesellschaftlichen Ordnungen des römischen Reiches sind auf den Kopf gestellt. Sklaven werden in die christlichen Familien als Bruder und Schwestern eingebunden. Für Paulus ist diese geschwisterliche Welt die einzig christliche Möglichkeit. Er identifiziert sich total mit Onesimus. „Wenn du dich mir verbunden fühlst, dann nimm ihn also auf wie mich selbst!"
Es geht auch um die Wiedergutmachung, um den Schadensersatz. Hat der Sklave bei seiner Flucht Geld geraubt? Paulus bürgt mit eigener Unterschrift: „Er wird alles bezahlen." Aber was bedeutet das? Philemon ist doch durch Paulus Christ geworden. Ist das Geschenk des Glaubens nicht mehr wert als Geld? „Erfreue also mein Herz!", schreibt Paulus. Und dann folgt die Basis dieses Briefes: „Wir gehören beide zu Christus."
Nun erinnert Paulus den Philemon an seinen Gehorsam. Hier fällt das Wort „Vertrauen". Das Vertrauen auf den Freund und Christen Philemon ist bei Paulus so groß, dass er noch

hinzufügt: „Ich weiß, dass du noch mehr tun wirst, als ich gesagt habe." Der letzte Satz ist dann doch überflüssig. „Bereite zugleich eine Unterkunft für mich vor!"
Ist das der drohende Zeigefinger? „Ich komme bald und überprüfe alles!" Also doch: Vertrauen ist gut, Kontrolle ist besser …

Wort durch den Tag
Einen solchen Freund, der so kompromisslos für mich eintritt, wünsche ich mir – und Ihnen!

27. Tag · Freitag in der 4. Fastenwoche

Eine Heilige

Wort der Schrift

Wenn einer von euch hundert Schafe hat und eins davon verliert, lässt er dann nicht die neunundneunzig in der Steppe zurück und geht dem verlorenen nach, bis er es findet? Und wenn er es gefunden hat, nimmt er es voll Freude auf die Schultern, und wenn er nach Hause kommt, ruft er seine Freunde und Nachbarn zusammen und sagt zu ihnen: Freut euch mit mir; ich habe mein Schaf wiedergefunden, das verloren war.
Ich sage euch: Ebenso wird auch im Himmel mehr Freude herrschen über einen einzigen Sünder, der umkehrt, als über neunundneunzig Gerechte, die es nicht nötig haben umzukehren (Lk 15,4-7).

Wort zum Tag

„Theresia vom Kinde Jesus" war eine ängstliche junge Frau, als sie in den Karmel eintrat. Sie nahm ihre Angst mit ins Kloster. Doch sie fand Befreiung, weil sie ganz fest auf die Barmherzigkeit Gottes vertraute. Nachdem Theresia von ihren Ängsten befreit war, schrieb sie die Erzählung vom weißen Hasen:
„Ein König, der auf die Jagd gegangen war, verfolgte einen weißen Hasen. Seine Hunde hatten ihn schon fast eingeholt. In diesem Augenblick kehrte der kleine Hase, der sich bereits verloren glaubte, plötzlich um und sprang in die Arme des Jägers. Dieser war über so viel Vertrauen betroffen und wollte sich von dem weißen Hasen nicht mehr trennen. Niemandem erlaubte er, ihn anzupacken, und behielt sich die

Sorge für seine Nahrung vor. Genauso wird sich Gott uns gegenüber verhalten, wenn wir, verfolgt von der Gerechtigkeit – versinnbildlicht durch die Hunde –, Zuflucht in den Armen unseres Jägers suchen."

Gott ist kein strenger Richter, vor dem wir Angst bekommen und weglaufen. Er ist ein barmherziger Vater, der uns schützend in seine Arme schließt. Aber das kann ich nur erfahren, wenn ich all meine Fähigkeit zum Vertrauen sammle und vor Gott nicht weglaufe, sondern ihm entgegenlaufe. „Du kannst nicht tiefer fallen als in Gottes Hand", sagt die Heilige Schrift. Das Bild vom barmherzigen Vater, das Jesus uns im Gleichnis vom verlorenem Sohn schenkt (Lk 15,11-32), finde ich wunderbar: „Der Vater sah ihn schon von Weitem kommen und er hatte Mitleid mit ihm. Er lief dem Sohn entgegen, fiel ihm um den Hals und küsste ihn" (Lk 15,20).

Ich brauche mich nur in die Arme des Vaters zu werfen, die er mir entgegenhält. Wer diesen Schritt des Vertrauens wagt, wird die grenzenlose Liebe erfahren.

Wort durch den Tag

„Gott ist gnädig und barmherzig" (siehe Ps 86, 103, 116, 145). Im deutschen Wort Barmherzigkeit ist das Bild vom Herzen. Auch im Lateinischen ist das so: „misericordia" – cor ist das Herz. Der Israeli hat ein anderes Bild vor Augen: den Mutterschoß. Im Hebräischen heißt: „rechem" der Schoß und „rachum" – barmherzig sein. Ich möchte heute dieses Bild in mir tragen: Gott birgt mich in seinem Schoß.

28. Tag · Samstag in der 4. Fastenwoche

Maria

Wort der Schrift

Und Simeon segnete sie und sagte zu Maria, der Mutter Jesu: Dieser ist dazu bestimmt, dass in Israel viele durch ihn zu Fall kommen und viele aufgerichtet werden, und er wird ein Zeichen sein, dem widersprochen wird. Dadurch sollen die Gedanken vieler Menschen offenbar werden. Dir selbst aber wird ein Schwert durch die Seele dringen (Lk 2,34-35).

Wort zum Tag

Warum besuchen so viele Menschen heute Wallfahrtsorte? Warum brennen so viele Kerzen vor dem Bild der Madonna? Darauf gibt es viele Antworten. Eine las ich bei Kurt Tucholsky: „Erfahrungen vererben sich nicht". Je älter wir werden, umso mehr Lebenserfahrungen sammeln wir. Eltern möchten ihre Erfahrungen ihren Kindern weitergeben. Doch Erfahrungen vererben sich nicht, jeder muss sie allein machen. Wer aber viele Lebenserfahrungen hat, versteht den anderen besser. Wie soll einer einen Kranken verstehen, wenn er selbst nie krank gewesen ist? Wie soll ein junger Mensch begreifen, wie sehr ein älterer unter Wetterfühligkeit und Migräne leiden kann? Persönliche Erfahrungen wecken Verständnis und Mitgefühl.

Menschen aller Generationen wussten sich von Maria verstanden. Denn sie selbst hat erfahren, was Menschenherzen bewegt. Sie kennt die Grunderfahrungen des Lebens – Freude, Angst, Leid und Not:

- die Freude der Mutter über ihr neugeborenes Kind,
- die Not bei der Herbergssuche,

- die Angst auf der Flucht nach Ägypten,
- die Panik der Eltern, als das Kind bei der Wallfahrt nach Jerusalem verschwunden war,
- das Mitgefühl der Frau, als bei der Hochzeit zu Kana den Gästen der Wein ausging
- und schließlich das Leid, als sie ihren toten Sohn in Armen hielt.

Maria kennt das, was uns belastet, niederdrückt und ängstigt. Wir finden unsere eigenen Lebenserfahrungen in vielen Bildern der Gottesmutter ausgedrückt. Warum beten wir zum Beispiel vor dem Bild der Schmerzensmutter, der Pieta, der Mater dolorosa? Wir brauchen nichts mehr zu sagen. Wir schauen das Bild an: Der Schoß, der das Leben geboren, trägt den Gekreuzigten.
Wenn gerade ein lieber Mensch gestorben und in uns nur der Aufschrei „Wie kann Gott das zulassen?" ist, dann zeigt die Schmerzensmutter auf ihren toten Sohn: „Er hat am Kreuz auch geschrien: Gott, mein Gott, warum hast du mich verlassen?" Ihr Bild ist hineingestellt in das Drama der Menschheitsgeschichte. Maria ist die „Trösterin der Betrübten, die Zuflucht der Verängstigten, die Hoffnung der Christen".

Wort durch den Tag

Ein Kind, das Angst hat, läuft zur Mutter und ruft: „Du, zu zweit sind wir stärker!" Das ist es, was Angst erträglich macht: jemanden zu haben, zu dem man hinlaufen und den man an der Hand fassen kann.
So möchte ich beten können: „Du, zu zweit sind wir stärker als alle Angst!"

Doch alle sollen sich freuen,
die auf dich vertrauen,
und sollen immerfort jubeln.

Beschütze alle,
die deinen Namen lieben,
damit sie dich rühmen.

Denn du, Herr,
segnest den Gerechten.
Wie mit einem Schild
deckst du ihn mit deiner Gnade.

Psalm 5,12-13

Von guten Mächten

29. Tag · Montag in der 5. Fastenwoche

Wer segnet, der vertraut

Wort der Schrift
Sieh her, ich habe es übernommen zu segnen; so muss ich segnen, ich kann's nicht widerrufen (Num 23,20).

Wort zum Tag
Dass ich meine Hoffnung auf Gott setze, wird mir bei jedem Segenswort klar. Wer segnet, vertraut auf die Kraft Gottes. Segnen – „benedicere" – heißt „Gutes sagen". Aber „Segnen" ist mehr als positives Denken. Die Quelle des Segens ist nicht meine Fähigkeit, sondern sie lässt Raum für das Wirken Gottes. In mir ist oft Abneigung, Kritik und Aggression gegen einen Menschen. Wer segnet, verwandelt allmählich seine negativen Gefühle in Wohlwollen. Wer segnet, setzt sein Vertrauen darauf, dass das Gute über das Böse siegen kann. In einer Zeit, in der wir zur Kritik erzogen werden, wo Andersdenkende schnell verteufelt werden und Fanatismus vor Gewalt nicht zurückschreckt, ist der Segen geradezu lebensnotwendig geworden. Der Segen ist die Sprache des Friedens; er heilt Missgunst und Hass. Der Segen verwandelt Triebe, die zerstören, in Kräfte, die versöhnen. Segnen ist ein Therapiegedanke für die heutige Problematik. Wer segnet, wird ehrfürchtig dem anderen begegnen, er wird achtsam sein und niemandem Gewalt antun.
„Segnet und fluchet nicht!" (Röm 12,14), schreibt der heilige Paulus. Segnet, die euch verfluchen – das geht nicht aus eigener Kraft. Wer segnet, vertraut auf Gottes Hilfe. Nur wenn ich auf Gott vertraue, kann ich die positiven Kräfte im Segen aktivieren.

Wort durch den Tag
„Von guten Mächten wunderbar geborgen". Die Verse von Dietrich Bonhoeffer sind für unzählige Menschen zum täglichen Gebet geworden. Es gibt wohl keine andere geistliche Dichtung, die sich so in den Fundus von Leit- und Lebenssprüchen eingenistet hat wie dieser Vierzeiler:

Von guten Mächten wunderbar geborgen,
erwarten wir getrost, was kommen mag.
Gott ist bei uns am Abend und am Morgen
und ganz gewiss an jedem neuen Tag.

Dietrich Bonhoeffer

30. Tag · Dienstag in der 5. Fastenwoche

Schutzengel

Wort der Schrift

Denn er befiehlt seinen Engeln, dich zu behüten auf all deinen Wegen. Sie tragen dich auf ihren Händen, damit dein Fuß nicht an einen Stein stößt (Ps 91,11f.).

Wort zum Tag

In den letzten Jahrzehnten spricht man von der „Rückkehr der Engel". Das ist für mich ein Beweis, dass der Mensch vertrauensfähig bleibt. Obwohl die Bibel viele Berichte über Engel kennt, waren sie für die Kirchen und ihre Theologen nur „Randverzierungen". Aber in einer Generation, wo nur das Faktische und Messbare zählt, hört man immer häufiger den Satz: „Es muss doch noch etwas mehr geben." Auch Wissenschaftler haben ihr festgelegtes Gedankengebäude längst aufgebrochen und jenseits der beweisbaren Gesetze im Mikrokosmos und in den Weiten des Weltraums wunderbare Räume entdeckt. Auch die Psychologen greifen zur Heilung der inneren Welten auf Mythen, Märchen und Leuchtspuren der Engel zurück.
Zeigen sich Engel auch heute? Dem verstockten Leugner kann man nichts beweisen. Wer aber im Inneren berührt wird, öffnet Fenster und Türen seines Herzens. Er widersagt dem Misstrauen und beginnt neu zu vertrauen. Das Unsagbare sagbar zu machen, wird ein Versuch bleiben, der nie abgeschlossen ist. Vom Unfassbaren berührt zu werden, vom Ersehnten sich leiten zu lassen, führt in die Sehnsucht, die unser Vertrauen trägt und begründet.
Wo solches geschieht, bricht Licht in unsere Dunkelheit. Wo Engel erscheinen, berührt der Himmel die Erde. Rainer

Maria Rilke schreibt: „Engel sind der untere Rand des Schönen, das wir gerade erst begreifen. In den Engeln zeigt uns Gott seine Schönheit. In ihnen leuchtet der Glanz seiner Herrlichkeit auf. Sie sind der Saum des Himmels. Sie sind wie Ausrufezeichen der Freude. Sie sind wie Testamente der Zärtlichkeit Gottes zu uns Menschen. Sie sind wie Urkunden, welche die grenzenlose Zuneigung Gottes zu seinen Geschöpfen beschreiben."

Gleichgültigkeit und Kälte beklagen viele, die unsere Gesellschaft näher analysieren. In dieser gefühlskalten Welt ist man einander fremd, weder freundlich noch feindlich, einfach neutral, uninteressant, egal. Wie können wir uns gegen diese universale Gleichgültigkeit wehren? Gut gemeinte Sprüche wie „Seid nett zueinander!" helfen uns nicht weiter.

In einer Gesellschaft, wo so viele gleichgültig und teilnahmslos miteinander umgehen, horche ich bei der Zusage auf, dass einer sich für mich interessiert. Wenn ich den Gott der Bibel richtig verstanden habe, dann ist das kein Gott „fern über Wolken", der sich selbst genügt. Er hat ein leidenschaftliches Interesse an jedem von uns. Jahwe spricht: „Kann denn eine Frau ihr Kindlein vergessen, eine Mutter ihren leiblichen Sohn? Und selbst wenn sie ihn vergessen würde: ich vergesse dich nicht" (Jes 49,15). Gott hat nicht nur meinen Namen in seine Hand geschrieben, er hat mir einen Wegbegleiter zur Seite gestellt, der mit mir geht durch dick und dünn. Schutzengel nennen wir ihn.

Tief in uns lebt der Wunsch, einen verlässlichen Freund und Wegbegleiter zu finden. Denn eine neue Einsamkeit wächst heran. Trotz Telefon und Television, trotz engem Zusammenleben und organisierter Freizeitgestaltung klagt jeder fünfte Bundesbürger, dass er sich einsam fühlt. In unseren großen Städten lebt die Hälfte der Bevölkerung im Einpersonenhaushalt. Werden wir ein Volk von Alleinstehenden?

Alle, die „alleinstehen“ und ihre Einsamkeit spüren, werden die Worte des Psalm 91 mit Aufmerksamkeit aufnehmen: „Er befiehlt seinen Engeln, dich zu behüten auf all deinen Wegen. Sie tragen dich auf ihren Händen, damit dein Fuß nicht an einen Stein stößt.“ Engel stehen am Wegesrand. Engel sind unsere persönlichen Wegbegleiter. Gott selbst hat sie uns zugedacht. Sie sind nicht Projektion unserer Wünsche. Ich muss sie nur einladen. Sie drängen sich nicht auf. Wenn wir an diese innige Zuwendung Gottes zum Menschen glauben, sind auch die Engel wie ein Beweis seiner Zärtlichkeit.
„Von guten Mächten wunderbar geborgen“, erfahren wir jeden Tag, dass Gott mit uns ist. Durch seine Engel begleitet und behütet er uns. Sie bestärken und ermutigen uns, sie trösten und ermahnen uns, sie fangen uns auf und stellen sich uns, wenn es sein muss, in den Weg. Immer wollen sie Gutes für uns. Verzagte erfahren ihre Nähe, Schwache verbünden sich mit ihnen, Irrende erfahren ihre Korrektur. Den Suchenden weisen sie den Weg, Trauernde trösten sie und Leichtsinnige fassen sie bei der Hand.

Wort durch den Tag

Besonders der Psalm 91 umschreibt ausführlich, wie Gottes heiliger Engel uns auf allen Wegen behütet. Viele beschließen ihren Tag mit diesem Psalm. Im kirchlichen Abendgebet, der Komplet, wird er täglich gesungen. So klingt er in einer freien Übertragung:

> Denn Gott hat seinen Engeln ans Herz gelegt, dass sie dich behüten, dich umgeben und nie mehr verlassen auf deinen Lebenswegen.
> Und wenn es sein muss, tragen sie dich auf ihren Händen in den Zeiten, die für dich nicht zu ertragen sind.

Wenn deine Schritte müde und dein Kopf schwer geworden, dann helfen seine Engel dir wieder auf und du wirst sehen, wie leicht dein Leben wird.
Es wird dir nichts Böses geschehen und dich wird nichts plagen. Du wirst dich nicht verletzen, deinen Fuß nicht an Steinen wund stoßen, die im Wege liegen.
Denn Gott wird dich beschützen mit den Flügeln seiner Engel. Unter ihre Flügel kannst du flüchten, wenn das Grauen der Nacht dich verfolgt, und unter seine Fittiche dich bergen, wenn die Pfeile des Tages dich jagen.

Uwe Seidel

31. Tag · Mittwoch in der 5. Fastenwoche

Schöpfung

Wort der Schrift

Durch Gottes Wort entstanden seine Werke, seine Lehre ist ein Ausfluss seiner Liebe … Meerestiefe und Menschenherz durchforscht er, und er kennt alle ihre Geheimnisse. Alle seine Werke sind vortrefflich, doch sehen wir nur einen Funken und ein Spiegelbild. Jedes Ding ist vom andern verschieden, keines von ihnen hat er vergeblich gemacht. Eines ergänzt durch seinen Wert das andere. Wer kann sich sattsehen an ihrer Pracht? (Sir 42,15.18.22.24-25).

Wort zum Tag

Es gibt keine Erkenntnis, die nicht bei unseren fünf Sinnen ihren Anfang nimmt. Das wussten schon die großen Theologen der Vergangenheit. Sie machten daraus ein Erkenntnisprinzip: omnis cognito a sensu – alle Erkenntnis beginnt mit der sinnlichen Wahrnehmung, auch die Erkenntnis Gottes.

Das bedeutet, dass ich meine fünf Sinne schulen muss, damit ich sensibel werde: Sehen, hören, riechen, tasten, schmecken. Durch die fünf Tore der Sinne begegnen wir der ganzen Fülle des Lebens. Verliebte leben besonders aufmerksam. Sie achten auf jedes Zeichen. – Die ganze Schöpfung ist voller Gesang.

Manchmal genügt ein einziger Blütenzweig, um gegen Vernichtung und Tod die Leuchtzeichen der Hoffnung zu wecken. Manchmal genügt eine Blüte, um neues Vertrauen in mir wachsen zu lassen.

Zum Beispiel die rote Mohnblume: An den Rändern der Kornfelder ist ihr Zuhause. Wo sie blüht, ist sie ausgegrenzt.

Oder dort, wo man die Erde von unten nach oben kehrt, wo die Planierraupen den Abraum zur Seite schieben, um die Straßen zu asphaltieren, da blüht sie. Über die Wunden der Erde legt sie den roten Teppich ihrer Blüten wie ein „Pflaster". Manchmal schaut ein Baggerführer zur Seite. Er staunt über die schnelle Verwandlung. Wo kommt der Samen her, um die aufgebrochene Erde mit einem Blütenmantel zu bekleiden?

In den letzten Jahren strahlte das Fernsehen wunderbare Naturfilme aus. Ich staune oft und sehe, wie die Kamera mit Zeitraffer festhält, wie z. B. die Natur in einer Kiesgrube das Leben neu zurückgewinnt. Ich staune und sehe, wie aus einer trockenen, lebensfeindlichen Wüste nach dem Regen ein grünender, blühender Garten wird. Dann erinnere ich mich an die Worte der Bibel: „Sprecht zu den Verzagten: Seid stark, fürchtet euch nicht! Seht da, euer Gott!" (vgl. Jes 35,4). Der Prophet versucht so, das Volk in der Babylonischen Gefangenschaft aufzurichten. Er erinnert sie an die blühende Wüste.

Mich hat auch ein Bericht aus Japan tief beeindruckt. Im Jahr 1945 wurden die ersten Atombomben auf Hiroshima und Nagasaki abgeworfen. Am Südrand des Rathauses von Hiroshima standen ein paar schwarzverkohlte Kirschbäume. Es waren ein paar hässliche Exemplare, die in ihrem verkohlten und verdorrten Geäst die Erinnerung wachhielten. Eines Morgens, im April 1946, sah der Bürgermeister dieser Stadt, was er nie für möglich gehalten hätte. Er sah, wie aus dem Schwarz der Zweige das helle Weiß von Kirschblüten aufbrach. Hunderte von Menschen pilgerten an den folgenden Tagen zu den Bäumen. Erst jetzt begannen sie wirklich zu glauben, dass ihre Stadt nicht dazu verurteilt war, für Generationen eine Atomwüste zu bleiben.

Ein blühender Baum weckt am Ort des Todes neue Hoffnung und Zuversicht. Solche Bilder und solche Erfahrungen lassen ein ganzes Volk wieder an die Zukunft glauben. Wir brauchen verlässliche Bilder gegen die Angst und gegen den Tod. Die Jahreszeiten zum Beispiel sind für mich ein wunderbares Argument, um dem Leben zu vertrauen. Ernst Ginsberg entdeckt in der Natur diese unglaublichen Vorgänge und spricht in seinem Gedicht von der gläubigen Narrheit.

Augenschein
Zur Nacht hat ein Sturm alle Bäume entlaubt,
sieh sie an, die knöchernen Besen.
Ein Narr, wer bei diesem Anblick glaubt,
es wäre je Sommer gewesen.
Und ein größerer Narr, wer träumt und sinnt,
es könnte je wieder Frühling werden.
Und grad diese gläubige Narrheit, Kind,
ist die sicherste Wahrheit auf Erden.

Ernst Ginsberg

Die Natur ist Lehrmeisterin des Vertrauens. Wenn wir ihre Botschaft richtig entziffern, dann können wir gegen Kleinmut und Verzagtheit die „gläubige Narrheit" eines Kindes setzen. Gott kommuniziert mit seinen Geschöpfen auf mannigfaltige Weise. „In ihm leben wir, bewegen wir uns und sind wir", beschreibt es Paulus (Apg 17,28). Gott kommt auf vielen Wegen zu uns, erleuchtet unseren Verstand, berührt unser Herz. Er versteht es, wie ein genialer Komponist auf allen Tasten des Klaviers die Melodien von seiner Herrlichkeit und seiner Liebe zum Klingen zu bringen. Nicht nur in der mystischen Versenkung zeigt sich Gott, sondern im Hören seiner Worte, im Sehen und Staunen über seine Wunder, im Empfinden seiner Liebe, die das Herz schneller schlagen lässt.

Die ganze Schöpfung hält viele Beispiele dafür bereit, dass das Leben stärker ist als der Tod. Die Natur gibt nicht auf. Ihr Lebenswille und ihr Wachstumspotenzial sind unzerstörbar. Ob Dietrich Bonhoeffer, den die Nationalsozialisten ermordeten, Ähnliches meint, wenn er sagt: „Wer Ostern kennt, kann nicht verzweifeln"?

Wort durch den Tag

„Effata – Öffne dich!" Ein wunderbares Wort. Ein Urwort des Lebens. Vor den Toren Jerichos sprach Jesus zum Taubstummen: „Effata – Öffne dich!" Im Taufritus wird es dem Täufling zugesprochen: „Effata – Öffne dich!"

Das kirchliche Stundengebet beginnt am Morgen mit dem Ruf: „Herr, öffne meine Lippen, damit ich heute dein Lob verkünde!" Ich füge manchmal hinzu: „Öffne meine Augen, meine Ohren. Öffne mein Herz!"

Wer offen in den Tag geht, wird staunen über die kleinen Wunder, die dieser Tag für ihn bereithält.

32. Tag · Donnerstag in der 5. Fastenwoche

Die kostbare Perle

Wort der Schrift

Auch ist es mit dem Himmelreich wie mit einem Kaufmann, der schöne Perlen suchte. Als er eine besonders wertvolle Perle fand, verkaufte er alles, was er besaß, und kaufte sie (Mt 13,45-46).

Wort zum Tag

„Euch aber muss es zuerst um sein Reich und um seine Gerechtigkeit gehen; dann wird euch alles andere dazugegeben" (Mt 6,33). Darf ich diesem Versprechen trauen? Alles auf eine Karte setzen und nur für das Reich Gottes da sein? „Um des Himmelreiches willen" – das ist das Schüsselwort für alle, die Jesus folgen wollen. Das ist die Antwort Jesu an den reichen Jüngling, der alles verkaufen soll. „Um des Himmelreiches willen" – dieses Wort wird immer verkündet, wenn Ordensfrauen und Ordensmänner in ihrer Professfeier versprechen, arm, keusch und gehorsam zu leben.

„Um des Himmelreiches willen" – fast eine Million Männer und Frauen auf dieser Welt müssen ein starkes Vertrauen haben, wenn sie auf dieses Wort hin ihr Leben begründen. Wenn sie sich aber irren und auf leere Versprechungen reinfallen?

Petrus wollte es damals etwas genauer wissen:

Petrus sagte zu Jesus: „Du weißt, wir haben alles verlassen und sind dir nachgefolgt. Was werden wir dafür bekommen? Jesus erwiderte ihnen: Amen, ich sage euch: Wenn die Welt neu geschaffen wird und der Menschensohn sich auf den Thron der Herrlichkeit setzt, werdet ihr, die ihr mir nachgefolgt seid, auf zwölf Thronen sitzen und die zwölf Stämme Israels richten. Und jeder, der um meines Namens willen Häuser oder Brüder, Schwestern, Vater, Mutter, Kinder oder Äcker verlassen hat, wird dafür das Hundertfache erhalten und das ewige Leben gewinnen" (Mt 19,27-29).

Rosige Zeiten, wenn die Worte sich erfüllen! Aber zuerst muss man blind vertrauen. Und Vertrauen gibt es nicht ohne Risiko. Ist das Risiko zu groß? Die Rechtfertigung für dieses Vertrauen ist die Liebe. Die Ordensgründerin der Ursulinen, Angela Merici, schrieb an ihre Schwestern: „Jesus Christus ist euer einziger Schatz. Denn er ist die Liebe."

Die im Ordensgelübde angenommenen evangelischen Räte Armut, Ehelosigkeit und Gehorsam sind Zeichen eines Liebesbundes. Sie sind keine Bekenntnisse zu Mangelerfahrungen. Darin liegt nicht ihr Sinn, Verzicht zu leisten. Negatives kann nicht Inhalt und Ziel lebenslanger Bemühungen sein. Der Verzicht ist nur zu begreifen aus dem Liebesbund, den Gott mit Menschen geschlossen hat. Wer verliebt ist, lässt es sich etwas kosten. Ordensleute sind keine Zuckerkranken, die Diät halten müssen.

Jesus erzählt uns ein Gleichnis von der kostbaren Perle. Das macht uns klar, dass es nur mit Leidenschaft und Liebe geht: „Mit dem Himmelreich ist es wie mit einem Kaufmann, der schöne Perlen suchte. Als er eine besonders wertvolle Perle fand, verkaufte er alles, was er besaß, und kaufte sie" (Mt 13,45-46). Das nenne ich Leidenschaft. Das ist Stoff für einen Liebesroman. Ein Kaufmann sucht eine kostbare Perle. Es muss also noch etwas mehr geben, als nur seinen Laden zu besorgen. Er hat Sehnsucht im Herzen. Als er eine besonders wertvolle Perle fand, verkauft er voll Freude alles, was er besaß, und kaufte die Perle. Es tut ihm nicht weh, um der Perle willen alles aufzugeben. So ist das mit dem Himmelreich: Voll Freude sollen wir alles investieren.

„Alles religiöse Leben ist nur eine Frage der Liebe", schreibt Ernesto Cardenal über die Sehnsucht der Mönche: „Der Mönch entsagt der Welt nicht, weil sie böse ist, sondern ganz im Gegenteil, weil sie gut und schön ist. So gut und schön, dass sie es fertig brachte, ihn in ihren Schöpfer verliebt zu machen.
Wir verzichten nicht auf menschliche Schönheit und menschliche Liebe, weil wir sie für nichtig erachten, sondern weil sie in uns das Feuer Seiner Liebe entzündet haben. In allen unserem Wünschen steckt eine große Dosis Energie, Leidenschaft und Feuer. Welch eine Kraft muss dann in einer Seele stecken, die all diese Energie nur auf einen Wunsch und auf eine Liebe konzentriert." Wer sein „brennendes Herz" entdeckt, versteht die heilige Teresa von Avila: „Dios solo basta" – Gott allein genügt!

Wort durch den Tag
„Gott allein genügt!" Danach möchte ich sterben!

33. Tag · Freitag in der 5. Fastenwoche

Wunderglaube

Wort der Schrift

Wie lange noch, Herr, vergisst du mich ganz? Wie lange noch verbirgst du dein Gesicht vor mir? Wie lange noch muss ich Schmerzen ertragen in meiner Seele, in meinem Herzen Kummer Tag für Tag? … Ich aber baue auf deine Huld, mein Herz soll über deine Hilfe frohlocken. Singen will ich dem Herrn, weil er mir Gutes getan hat (Ps 13,1-2.6).

Wort zum Tag

Die Wunderkraft des Glaubens steht erneut im Rampenlicht. Manche vertrauen auf Maskottchen, auf Wahrsagerinnen und überirdische Mächte.
Aber trotz aller naturwissenschaftlichen Welterklärung sind die Rätsel nur größer geworden. Auch im religiösen Bereich ist die Wundergläubigkeit in unserer säkularisierten Gesellschaft gewachsen. An Engel glauben viele, die nie in eine Kirche gehen würden. Marienerscheinungen, Stigmatisierte, Prophezeiungen sind keine mittelalterlichen Gehirngespinste. Solche Phänomene gibt es auch heute in unserer rationalen Zeit. Zum Beispiel Pater Pio: Er gilt als eine der mysteriösesten Gestalten und zugleich faszinierendsten Heiligen unserer Tage. In Süditalien hängt in jeder Tankstelle sein Bild. Auf den Marktplätzen stehen seine lebensgroßen Standbilder. Als 2002 dieser Kapuzinerpater heiliggesprochen wurde, drängten sich über eine Million Menschen auf den Petersplatz. So viele, wie noch nie zuvor. An seinem Körper trug Pio die fünf Wunden des Gekreuzigten. Der Stigmatisierte besaß die Fähigkeit der Herzensschau, der Prophezeiung, der Bilokation und der Heilung,

Rom war sehr skeptisch und schicke Ärzte, um die Wundmale wissenschaftlich untersuchen zu lassen. Alle Ärzte kamen zu dem Urteil: Pio ist ein Psychopath. Der Vatikan und die Ordensoberen verlangten von dem Kapuzinerpater daraufhin den Abbruch all seiner Kontakte zur Außenwelt. Er durfte keine Briefe und Telefonanrufe mehr erhalten. Er bekam Hausarrest und ihm wurde verboten, die heilige Messe zu feiern. Er wurde in ein unbekanntes Dorf versetzt.
An Pater Pio scheiden sich noch heute die Geister. San Giovanni Rotondo ist heute der größte Wallfahrtsort der Welt. Jährlich kommen etwa 8 Millionen Pilger nach San Giovanni Rotondo. Der ehemalige Staatspräsident Andreotti besuchte den Pater. „Ich habe dank der Worte meiner Mutter über Padre Pio zum Glauben zurückgefunden", sagte ein bekannter Staatsanwalt aus Mailand. Und ein Spieler der Fußballnationalelf eilt nach San Giovanni Rotondo und bedankt sich, weil er bei einem schweren Autounfall überlebte. Gebetsgruppen, die Pater Pio besonders verehren, gibt es von Australien bis Russland.
Ob die Ablehnung durch die Kirche und durch die Wissenschaftler das Vertrauen des Volkes in Pio noch verstärkte? Unzählige Berichte von wunderbaren Gebetserhörungen wurden mündlich weitererzählt. Zeit seines Lebens hat Pater Pio gegen Wundersucht und Aberglauben gekämpft. „Nicht mir, sondern Gott müsst ihr danken." Pater Pio wehrte sich oft und vertrieb die Menge mit den Worten: „Das ist ja Heidentum!"
Es gibt viele Skeptiker und die Wissenschaft kann Spontanheilungen, wie sie diese Phänomene nennt, nicht erklären. Auch die Kirche ist immer sehr zurückhaltend. Seit 1858 pilgern jährlich rund 70 000 Schwerkranke nach Lourdes. Lediglich 66 von ihnen sind nach Einschätzung der medizinischen Kommission und des Vatikans auf wunderbare Weise geheilt worden.

Ein kranker Mitbruder fuhr mit großem Vertrauen nach Lourdes. Er wurde körperlich nicht geheilt. Aber alle in unserer Gemeinschaft bestätigten: Er ist ein anderen Mensch geworden. Heilung ist auch in der modernen Medizin eine Kunst, die sicher nur bedingt „technisch" zu lösen ist und sein wird. Auch eine Menge schwer zu begreifender „imaginärer" Kräfte wirken bei einer Heilung mit.

Wort durch den Tag

Viele Kerzen habe ich schon vor Gnadenbildern entzündet. Ich kann von keinen Wundern berichten. Aber getröstet und gestärkt bin ich heimgekommen!

34. Tag · Samstag in der 5. Fastenwoche

Heilung

Wort der Schrift

Der Herr ist meine Kraft und mein Schild, mein Herz vertraut ihm. Mir wurde geholfen. Da jubelte mein Herz; ich will ihm danken mit meinem Lied (Ps 28,7).

Wort zum Tag

„Heilung" habe ich die Kindheitsgeschichte einer Frau überschrieben:

Das Wichtigste, was ein Kind in den ersten Lebenswochen lernt, ist, dass es vertrauen kann. Durch die Liebe von Vater und Mutter entsteht das Urvertrauen, das das Kind für seine weitere Entwicklung braucht. Später überträgt das Kind diese Erfahrung auch auf andere Personen in seinem Umfeld.

Der Schlüssel, anderen Menschen zu vertrauen, liegt in unserer Kindheit und ist eines der tiefsten Gefühle, die wir haben. Dieses Urvertrauen wurde auch mir durch meine Eltern geschenkt.

Wenn dieses Vertrauen aber missbraucht wird, z. B. durch körperliche Gewalt oder sexuellen Missbrauch, ist das eine schwerwiegende seelische Verletzung und Enttäuschung, die das ganze Leben mit Rückzug und Misstrauen prägen kann.

Im Alter von 6 Jahren wurde mein grenzenloses Vertrauen in meine Eltern erschüttert. Ich musste mit ansehen, wie mein abgöttisch geliebter Vater meinen älteren Bruder in maßlosem Zorn beinahe zu Tode prügelte und meine Mutter erst im letzten Moment eingriff.

Heute weiß ich, dass unsere damalige familiäre Situation – Ende der 50er-Jahre, drei kleine Kinder und ein Leben am Existenzminimum – nicht einfach war und man als Eltern durchaus schon mal „ausrasten" konnte. Solche Grenzerfahrungen kann ich heute als Erwachsene, mit eigener Familie und zwei Kindern, nachvollziehen und besser einordnen.
Doch damals als Kind bedeutete dieses Erlebnis für mich das „Aus": Mein Vater wurde mir in dieser Nacht zu einem Fremden, einem Monster gleich, und ich betete in meiner Verstörtheit und Angst zu Gott, dass er diesen Vater „tot machen" soll.
Kurz darauf verunglückte mein Vater tödlich. Ich war überzeugt: Gott hatte mein Gebet, meine Bitte erhört. Die grenzenlose Trauer, die die gesamte Familie und alle Umstehenden nach diesem tragischen Unglücksfall ergriff, war für mich kaum erträglich. Ich war in dem Glauben, unermessliche Schuld durch meine Gebete auf mich geladen zu haben, doch ich hatte niemanden, zu dem ich in meiner kindlichen Verzweiflung gehen konnte.
Bis dahin hatte ich immer im Nachtgebet zu Gott gebetet, wenn ich etwas auf dem Herzen hatte – aber das konnte ich nun nicht mehr. Gott war in meinen Augen ja auch wie ein Vater – und mein Vaterbild war zerstört, ein einziger Trümmerhaufen. Mutter war durch ihre eigene abgrundtiefe Trauer so sehr mit sich selbst beschäftigt, dass sie meine Nöte nicht wahrnahm.
Auch dann nicht, als ich, nur wenige Monate nach Vaters Tod, von einem „guten" Nachbarn sexuell missbraucht wurde. Es war ein Martyrium, das sich über Jahre erstreckte und erst endete, als wir damals umzogen und der Mann somit keinen Zugriff mehr auf mich hatte.
In diesen Jahren war ich auf mich selbst zurückgeworfen, ich hatte niemanden, dem ich mich anvertrauen konnte, und

sehnte mich doch so sehr nach einer Heimat, einer bergenden Bleibe. Diese Erlebnisse raubten mir nicht nur die Kindheit, sondern schließlich sogar Gott, der für mich bis dahin so etwas wie eine „letzte Instanz" war, zu der ich mich flüchtete, wenn ich mich von allen nicht mehr verstanden fühlte.

Es waren schlimme Jahre, denn ohne Vertrauen spürt man nur Angst und Verlassenheit. Da ist man heimatlos und seelisch obdachlos. Vertrauen ist daher nicht gerade ein Wort meiner Muttersprache. Und noch heute tue ich mir schwer damit.

Als Jugendliche verließ ich nach meinem Schulabschluss die Heimat, um zu vergessen. In den Jahren meines Studiums und anschließender Berufstätigkeit lebte ich sehr zurückgezogen und es gelang mir tatsächlich, diesen hässlichen Teil meiner Vergangenheit erfolgreich zu verdrängen – bis ich dann viele Jahre später meinem Mann begegnete und durch meine eigene Familiengründung und Rückkehr in die Heimat mit alldem Schrecklichen erneut konfrontiert wurde.

All das Verdrängte holte mich mit einem Schlag wieder ein, brach in mir auf wie eine eiternde Wunde. Und obwohl ich meinen Mann liebte, brachte ich es nicht fertig, ihm diesen beschämenden Teil meiner Vergangenheit anzuvertrauen.

In den nachfolgenden Jahren des „Versteckspiels", die meine Kraft immer mehr aufzehrten – zwischenzeitlich hatten wir zwei Kinder –, stolperte ich über ein Gedicht von Hilde Domin mit dem Titel „Wen es trifft". Es wurde für mich sehr wertvoll, weil es meinen Empfindungen Raum gab, weil es ausdrucksstarke Wortbilder für all das Unaussprechliche in mir fand: „Wen es trifft, der wird aufgehoben wie von einem riesigen Kran und abgesetzt, wo nichts mehr gilt, wo keine Straße von Gestern nach Morgen führt ..."

Und dann begegnete ich auf wunderbare Weise im Internet zwei Seelsorgern, die mir durch ihre Geduld und Behutsamkeit und auch die entsprechende Distanz ein neues Vertrautwerden ermöglichten. Allmählich fand ich ihnen gegenüber Worte dafür, was mich über viele Jahre hinweg zutiefst sprachlos gemacht hatte.
Mein aufkeimendes Vertrauen war für mich wie ein brüchiger Steg über einen Abgrund, den allerdings ein kleiner Windstoß schon wieder hinwegfegen konnte. Und an manchen Tagen geriet dieser Steg ganz mächtig ins Wanken, drohte in die Tiefe zu stürzen. Aber der Steg hielt stand, mitten in den Widersprüchen meines Lebens, vor allem auch deshalb, weil bei den Menschen, zu denen dieser Steg führte, der Glaube eine große Rolle spielte.
Schließlich hat auch Glauben etwas mit Vertrauen zu tun. Einige Dinge weiß man aus eigener Erfahrung und andere, weil einem Menschen, denen man vertraut, davon erzählt haben. Mir haben diese Seelsorger in unermüdlicher Geduld von einem gütigen und barmherzigen Gott erzählt und so konnte sich im Laufe der Zeit mein Angstbild von einem Richter- und Drohgott immer mehr zu dem des liebenden Vaters zurückverwandeln.

Wort durch den Tag

Verlorenes Vertrauen zurückzugewinnen, ist ein langer Prozess. Neues Vertrauen braucht Zeit, viel Zeit, um sich zu bilden. Ich habe an meinen Arbeitsplatz zu Hause daher diese Verse von Wolfgang Poeplau geheftet, die mich jeden Tag darin bestärken, Vertrauen dennoch zu wagen:

Hab Vertrauen
zu einem anderen Menschen.
Dass er dir hilft,
dich versteht,
deine Fehler verzeiht.

Hab Vertrauen,
dass er dich nicht verlässt,
dass er an deiner Seite geht
an guten wie an schlechten Tagen.

Und wenn er dich enttäuscht,
denke daran:
Das war ein Einzelfall,
der dein Vertrauen nicht zerstören darf.

Wolfgang Poeplan

Sterben – Ernstfall des Vertrauens

35. Tag · Montag in der Karwoche

Die größte Prüfung unseres Vertrauens

Wort der Schrift

Wenn wir unsere Hoffnung nur in diesem Leben auf Christus gesetzt haben, sind wir erbärmlicher dran als alle anderen Menschen. Nun aber *ist* Christus von den Toten auferweckt worden als der Erste der Entschlafenen. Da nämlich durch *einen* Menschen der Tod gekommen ist, kommt durch *einen* Menschen auch die Auferstehung der Toten. Denn wie in Adam alle sterben, so werden in Christus alle lebendig gemacht werden (1 Kor 15,19-22).

Wort zum Tag

Die Probe meines Vertrauens ist die Frage nach meinem Sterben, nach meinem eigenen Tod. Deshalb muss ich über die Auferstehung Jesu reden. Der Auferstandene ist das wichtigste Argument gegen alle Zweifel, die sich bei mir manchmal einstellen. Ernstfall meines Vertrauens ist Christus, „der von den Toten auferweckt worden ist als Erster der Entschlafenen", wie Paulus schreibt (1 Kor 15,19-22).

Das Experiment des Vertrauens ist gelungen. Gott hat den Gekreuzigten errettet. Ist das nicht unglaublich? Der Besiegte ist Sieger. Das klingt wie: Der Verlierer ist Gewinner. Das Wunder ist: Er lebt! Der Gekreuzigte lebt. Der Verstummte redet. Der Geschundene erscheint. Der Tod hat seine Macht verloren. Und das bedeutet: „Wir alle werden auferstehen." Ist das nur ein naiver Satz? Vielleicht ist es der einzig wichtige Satz für Sie und für mich.

Ostern ist ein unvorhergesehenes Ereignis der Geschichte – die große Überraschung für Freund und Feind. Jesus von Nazaret hatten sie ans Holz gehängt und getötet. Pilatus konnte die Akte über Jesus von Nazaret schließen, ein kleiner Zwischenfall in einer Provinz des großen Römischen Reiches. Die Pharisäer und Schriftgelehrten hatten ihr Ziel erreicht. Der religiöse Querkopf, der lästige Mann, war endlich beseitigt.
Und die Freunde Jesu? Sie gingen zu ihren Netzen und Fischerbooten zurück: Der Traum ist vorbei; ihre Hoffnungen sind zerstört. Die Emmausjünger kehren der Stadt Jerusalem den Rücken, schleichen sich davon, lamentieren noch ein wenig: „Wir hatten gehofft, dass er der Messias ist und Israel befreien wird." Doch das Kreuz kam in die Quere, eine gewöhnliche Exekution zwischen gewöhnlichen Verbrechern. All ihre Erwartungen waren zerstört.
Was bleibt, sind ein paar Frauen, die Jesus bei den Toten suchen. Sie gehen zum Grab, wie unsereins zum Friedhof geht. Sie bringen Salben und Balsam mit, wie wir einen Kranz oder ein paar Schnittblumen mitnehmen. Ein Gang zum Friedhof ist alles andere als ein Osterspaziergang. Für die Frauen ist nicht Ostern, sondern Karfreitag. Sie tragen ihre letzten Hoffnungen zu Grabe. Der Herr ist tot. Die Geschichte mit ihm ist jetzt aus. Was bleibt ihnen noch in ihrer Ratlosigkeit? Eine Erinnerung und der hilflose Versuch, mit Salben und duftenden Kräutern die Verwesung zu bannen. Aber gegen den Tod ist kein Kraut gewachsen.
Am Nullpunkt menschlicher Existenz, wo wir mit unseren Fähigkeiten buchstäblich am Ende sind, da beginnt Gott. Der Stein ist vom Grab weggewälzt. „Ihr sucht Jesus von Nazaret, den Gekreuzigten, er ist auferstanden" (Mk 16,6). Am Ort des Todes ergeht die Kunde vom neuen Leben. Jesus ist auferweckt. Gott hat ihn auferweckt. Er und kein anderer. Das ist das Fundament der Osterbotschaft.

Was Auferstehung für mich bedeutet?
Auferstehung ist nicht nur ein Traum, sondern das neue Leben hat schon begonnen. Mitten im Vergehen begann die Verwandlung. Christi Auferstehung ist das Signal, dass der Tod besiegt und die Vergänglichkeit überwunden ist. In der Mitte der Welt sind die Kräfte der verklärten Erde sichtbar geworden. Die österliche Wirklichkeit ist wie die vierte Dimension, nicht fassbar und dennoch wirksam und alles verwandelnd. Die neue Welt hat ihren ersten Tag.

Was Auferstehung für mich bedeutet?
Ich darf das Leben nicht in Gräbern suchen. Ich darf mich nicht an die Vergangenheit klammern, Reste einbalsamieren. Gott kommt uns von vorn entgegen. Seinen Jüngern ging er nach Galiläa voraus. Wir müssen nur den Mut haben, ihm entgegenzugehen. Wir stehen nicht bei der Nachhut der Menschheit mit ihren vergeblichen Rückzugsgefechten. Wir schütteln den Schlaf ab, der uns lähmt, und beginnen ganz neu im Vertrauen darauf, dass Gott unsere Zukunft überraschend wenden kann.

Was Auferstehung für mich bedeutet?
Ich hänge mit allen Fasern meines Herzens am Leben. Mein Glaube aber gewinnt sogar meinem Sterben einen Sinn ab. Wenn das Leben einen Sinn hat, muss auch das Sterben einen Sinn haben. Denn das Leben wird uns nicht genommen, sondern verwandelt. Wir haben keine Beweise herzuzeigen, sondern nur unser Vertrauen auf den, der von den Toten auferstanden ist. Ich setze darauf, dass meine Wünsche ein Ziel und meine Träume eine Heimkehr finden. Wenn mein Herz aufhört zu schlagen, soll Gott leuchten. Mein Sterben soll zur letzten Hingabe an Christus werden, an den, der lebt. Dann ist der Tod die Geburt neuen Lebens. Mitten

in der Nacht ein neuer Tag, mitten im Klagelied ein Halleluja. So sind die Argumente des Lebens gegen den Tod. „Wer Ostern kennt, kann nicht verzweifeln."

Wort durch den Tag

Mir gefällt der Rückblick auf das Leben von einem Weltenbummler. Der Pfadfinder Guy de Larigaudie, der sein Leben lang in einer unstillbaren Glückssuche fünf Kontinente durchstreift hat, schrieb kurz vor seinem Tod:

„Wie in einem Garten von Mauern umgeben, bin ich in der weiten Welt spazieren gegangen. Neugier und Abenteuerlust trieben mich von einem Erdteil zum anderen. Und ich habe mir dort meine Kindheitsträume einen nach dem anderen erfüllt. Den Park unseres alten Hauses, in dem ich meine ersten Schritte gelernt hatte, habe ich bis an die Grenzen der Erde erweitert und das Spiel meines Lebens auf der Weltkarte genossen. Trotzdem haben sich die Mauern des Gartens um mich wieder zusammengezogen, und ich befinde mich noch immer im Käfig. Doch der Tag wird kommen, an dem alle Hindernisse weichen werden, und ich besitze das Unendliche!"

36. Tag · Dienstag in der Karwoche

Gottvertrauen – ein Vermächtnis

Wort der Schrift
Haucht der Mensch sein Leben aus und kehrt er zurück zur Erde, dann ist es aus mit all seinen Plänen. Wohl dem, dessen Halt der Gott Jakobs ist und der seine Hoffnung auf den Herrn, seinen Gott, setzt. Der Herr hat Himmel und Erde gemacht, das Meer und alle Geschöpfe; er hält ewig die Treue (Ps 146,4-6).

Wort zum Tag
Die Psalmen sprechen eine offene Sprache: „Haucht der Mensch sein Leben aus und kehrt er zurück zur Erde, dann ist es aus mit all seinen Plänen." So bete ich: „Gott schenke mir, was ich mir selbst nicht geben kann": Gottvertrauen.
Ich bat eine Ärztin, vom Tod ihres Vaters zu erzählen. Wie ein Vermächtnis für sich und auch für die kommende Generation bewahrte sie die letzten Worte ihres sterbenden Vaters:

„Fünf Wochen vor seinem Tod hatte mein Vater plötzlich ein schlechtes Blutbild und hätte Blut benötigt. Da man Blut schlecht zuhause übertragen kann, schlug ich ihm vor, für zwei Tage stationär zu gehen. ‚Also, das kennt man ja, aus den zwei Tagen werden zwei Wochen und ihr könnt nicht um mich herum sein! Lasst mich bei euch bleiben! Ob ich jetzt mit dem Blut zwei Wochen länger lebe oder nicht – ist nicht so wichtig. Ich habe keine Angst vor dem Tod!'
So respektierten wir seine Entscheidung. Mein Vater war Arzt – mein Mann und ich auch.
Das dreimalig wiederholte letzte Wort meines Vaters: ‚*Gottvertrauen*', sehe ich als sein Vermächtnis an. Drei Tage vor sei-

nem Tod im Haus unserer Familie äußerte er dieses Wort – teils wie eine Beschwörung – teils wie ein Ruf der Hilfe, um Rettung – teils um sich Mut zu machen für die letzte Reise: Gottvertrauen.
Danach sprach er nichts mehr. Drei Tage und drei Nächte saß oder lag ich auf einer Liege neben seinem Bett, sang ihm seine Lieblingskirchenlieder vor, hielt ihn an der Hand, damit er nicht das Gefühl hatte, alleine zu sein. Mein Mann meinte, so könne er nicht gut sterben, wenn ich ihn nicht frei ließe.
Er entschlief in Frieden, unsere kleine Familie stand um sein Bett, wir wuschen ihn und kleideten ihn für die Beisetzung."
Wie ein Vermächtnis halte ich das letzte Wort meines Vaters heilig. Ich möchte es den kommenden Generationen meiner Familie vererben: Gottvertrauen!" *Ursula Hieronymus*

Wort durch den Tag

Ich brauche ein Licht,
jemanden, der mir heimleuchtet,
der mir sagt, wo ich wohne,
wo ich zu Hause bin.
Ich brauche ein Licht,
ein Zeichen – ein Wort,
um mich orientieren zu können,
um mich zurechtzufinden
in diesem Leben.

Manchmal brauche ich
ein mächtiges Feuer,
manchmal nur einen
glimmenden Docht.
Lösch ihn nicht aus!
Wolfgang Poeplau

37. Tag · Mittwoch in der Karwoche

Sterbebegleitung

Wort der Schrift

Wenn einer von euch hundert Schafe hat und eins davon verliert, lässt er dann nicht die neunundneunzig in der Steppe zurück und geht dem verlorenen nach, bis er es findet? Und wenn er es gefunden hat, nimmt er es voll Freude auf die Schultern, und wenn er nach Hause kommt, ruft er seine Freunde und Nachbarn zusammen und sagt zu ihnen: Freut euch mit mir; ich habe mein Schaf wiedergefunden, das verloren war. Ich sage euch: Ebenso wird auch im Himmel mehr Freude herrschen über einen einzigen Sünder, der umkehrt, als über neunundneunzig Gerechte, die es nicht nötig haben umzukehren (Lk 15,4-7).

Wort zum Tag

Der Kampf gegen den Krebs war verloren. Aber keiner der Ärzte wagte eine Prognose, wie lange meine Mutter noch leben würde. Fest stand lediglich, dass der Tod mit großen Schritten nahte. Mitte Februar wurde sie von der Palliativstation des Krankenhauses ins Hospiz verlegt. Es war ihr letzter Umzug. Jeden Abend nach der Arbeit fuhr ich meine Mutter dort besuchen, oft mit bangem Herzen angesichts ihres sich rapide verschlechternden Zustandes.
Zum vergangenen Weihnachtsfest hatte sie mir einen Gutschein geschenkt, mit dem ich mir einen lang gehegten Traum erfüllt und eine wunderschöne Krippe aus Eschenholz gekauft hatte. Gerne wollte ich sie auch meiner Mutter zeigen, aber sollte ich die zerbrechlichen Figuren umständlich abbauen und im Hospiz wieder aufstellen? Da hatte ich eine Idee. „Ich

werde dir jede Figur einzeln vorbeibringen", sagte ich. „Dann kannst du sie alle der Reihe nach bewundern." So kam ich sie jeden Tag mit einer neuen Figur besuchen. Eines Tages hatte ich einen Hirten dabei. Er hatte einen weiten Umhang an und trug auf seinen Schultern ein Schaf. Meine Mutter nahm den Hirten in die Hand. „Ich bin das verlorene Schaf", sagte sie. „Und Jesus trägt mich auf seinen Schultern." In dem Moment spürte ich Gottes Nähe deutlich und ahnte, dass er meine Mutter bald heimholen würde. Meiner Mutter liefen Tränen über die Wangen. Ich brachte es nicht übers Herz, den Hirten wieder mitzunehmen, sondern ließ ihn im Hospiz.
Meine Mutter hatte sich ihr Leben lang als Suchende in Bezug auf Gott verstanden. Erst in ihren letzten Lebenswochen fand sie wirklich zum Glauben. Gott wurde ihr letzter Halt. Ihm, dem guten Hirten, vertraute sie das Wertvollste an, das sie besaß: ihr Leben. „Ich bin immer vor Jesus weggelaufen", sagte sie. „Jetzt hat er mich doch noch eingeholt." Er hatte sie gefunden.
In dieser Zeit halfen auch Gebete und meditative Texte, die ich ihr vorlas. Besonders gerne hörte sie sein kleines Gebet von Jörg Zink in Anlehnung an den Psalm 23:

Ich bin der gute Hirte,
ich geleite dich.
Ich sorge dafür, dass du leben kannst.
Ich bringe dich an dein Ziel.
Ich gebe dir das Leben hier auf dieser Erde
und das ewige Leben in meinem Reich.
Du wirst nicht umkommen,
und niemand wird dich aus meiner Hand reißen.

Zuletzt wich die Angst vor dem Tod einem friedlichen Vertrauen. Meine Mutter starb nach siebzehn Tagen im Hospiz.

Durch sie hatte Gott auch mein Herz berührt. Meine Krippenfigur des guten Hirten wird mich immer an die bewegenden letzten Wochen im Leben meiner Mutter erinnern. Gott selbst hat sie auf seinen Schultern in ein neues Leben getragen. *Susanne Jeutner*

Wort durch den Tag

Mein Glaube an die Auferstehung ist mir ein großer Trost. Das folgende Gebet von Jörg Zink spreche ich bis heute oft für meine Mutter:

Vor dir ist eine Tür.
Es scheint dir, als sei sie verschlossen.
Steh auf, nimm die Klinke in die Hand!
Sie wird sich öffnen.
Du kannst sie durchschreiten.
Du wirst einen Weg vor dir sehen,
einen freien, offenen Weg.
Geh ihn. Du bist behütet.
Das sagt dir nicht irgendwer.
Ich, Jesus Christus, sage es dir,
und in mir sagt es dir Gott selbst.
Die Tür bin ich.
Sieh her – und steh auf!

Jörg Zink

38. Tag · Gründonnerstag:

Dein Wille geschehe

Wort der Schrift

Darauf kam Jesus mit den Jüngern zu einem Grundstück, das man Getsemani nennt, und sagte zu ihnen: Setzt euch und wartet hier, während ich dort bete. Und er nahm Petrus und die beiden Söhne des Zebedäus mit sich. Da ergriff ihn Angst und Traurigkeit, und er sagte zu ihnen: Meine Seele ist zu Tode betrübt. Bleibt hier und wacht mit mir! Und er ging ein Stück weiter, warf sich zu Boden und betete: Mein Vater, wenn es möglich ist, gehe dieser Kelch an mir vorüber. Aber nicht wie ich will, sondern wie du willst.
Und er ging zu den Jüngern zurück und fand sie schlafend. Da sagte er zu Petrus: Konntet ihr nicht einmal eine Stunde mit mir wachen? Wacht und betet, damit ihr nicht in Versuchung geratet. Der Geist ist willig, aber das Fleisch ist schwach.
Dann ging er zum zweiten Mal weg und betete: Mein Vater, wenn dieser Kelch an mir nicht vorübergehen kann, ohne dass ich ihn trinke, geschehe dein Wille. Als er zurückkam, fand er sie wieder schlafend, denn die Augen waren ihnen zugefallen. Und er ging wieder von ihnen weg und betete zum dritten Mal mit den gleichen Worten (Mt 26,36-44).

Wort zum Tag

„Das habe ich noch nicht verdaut", schrieb sie. „Bei meiner besten Freundin wurde vergangene Woche – aus heiterem Himmel – Bauchspeicheldrüsenkrebs im fortgeschritten Stadium diagnostiziert, keine Therapie möglich, lediglich die Empfehlung, sich die verbleibende Zeit so schön wie möglich zu machen. Ich bin ein wenig durch den Wind, das ist alles noch gar nicht so richtig bei mir angekommen. In solchen Situationen sind wir als Christen angehalten die Worte ‚Herr, nicht mein Wille, sondern dein Wille geschehe' anzunehmen, auch wenn sich alles in uns sträubt."

Ein Bekannter sagte mir: „Ich kann die Worte im ‚Vaterunser' nicht mehr mitbeten: „Dein Wille geschehe wie im Himmel so auf Erden." Das sagt sich so leicht daher. Aber wenn ich beim Wort genommen werde? Darf ich vertrauen, dass Gott mich am Ende auffängt?

Ich darf aber auch bitten: „Lass diesen Kelch an mir vorübergehen!" Im Garten Getsemani bittet Jesus seinen Vater zweimal mit diesen Worten. Er fügt hinzu: „Nicht wie ich will, sondern wie du willst". Jesus selbst sagte im Garten Getsemani: „Meine Seele ist zu Tode betrübt." Alles in ihm ist Protest und Abwehr. Dreimal ringt er mit seinem Schicksal. Dann spricht er das erlösende Wort: „Dein Wille geschehe."
Die Hospizbewegung macht darauf aufmerksam, dass die Sterbephasen jedes Menschen wichtig sind. Nach der Verzweiflung folgt nicht nur Ohnmacht, Resignation, sondern oft die Ergebung, die Ergebung in den Willen Gottes. Der Tod ist dann Befreiung und Friede. Wenn uns alles aus der Hand genommen ist, können wir uns festhalten an Gottes Vaterhände. „In deine Hände empfehle ich meinen Geist!"

Wort durch den Tag

Wenn es so weit ist, Herr,
dann lass mich noch einmal das „Vaterunser" beten.
Und wenn ich es nicht mehr sprechen kann, dann sollen
es mir gute Freunde an meinem Bett vorsprechen:
„Dein Wille geschehe wie im Himmel so auf Erden."
Dann schicke mir bitte den Engel, der mich fest bei der
Hand fasst und ins Paradies führt!

39. Tag · Karfreitag

Das Paradies

Wort der Schrift

Einer der Verbrecher, die neben ihm hingen, verhöhnte ihn: Bist du denn nicht der Messias? Dann hilf dir selbst und auch uns! Der andere aber wies ihn zurecht und sagte: Nicht einmal du fürchtest Gott? Dich hat doch das gleiche Urteil getroffen. Uns geschieht recht, wir erhalten den Lohn für unsere Taten; dieser aber hat nichts Unrechtes getan. Dann sagte er: Jesus, denk an mich, wenn du in dein Reich kommst!

Jesus antwortete ihm: Amen, ich sage dir: Heute noch wirst du mit mir im Paradies sein (Lk 23,39-43).

Wort zum Tag

„Noch heute wirst du mit mir in Paradies sein!" Dieses Wort Jesu, das er am Kreuz zum Verbrecher sagte, wiederholte ein schwerkranker Künstler öfters, wenn ich ihn besuchte. Als letztes Kunstwerk hatte er ein Kreuz modelliert und in Bronze gegossen. Vor dem großen Kreuz mit zwei Längsbalken und einem großen Querbalken bleiben die Menschen stehen. Jesus und der Verbrecher sind an den gleichen Querbalken gebunden. Jeus neigt sich dem Schächer zu und spricht das befreiende Wort: „Heute noch wird du mit mir im Paradiese sein." Das war das Wort, auf das der Künstler Bernhard Kleinhans auch sein Vertrauen setzte. Das war für ihn eine sehr persönliche Zusage, die ihn tröstete.

„Und wenn ich einst mit dem Tod ringe, sprich es auch zu mir", möchte ich bitten. – „Heute noch wirst du mit mir im Paradiese sein!" Bei jeder Begräbnisfeier, wenn der Sarg oder die Urne verabschiedet wird, ist es mir wichtig, den sehr alten Vers zu singen:

> Zum Paradies mögen Engel dich begleiten,
> die heiligen Märtyrer dich begrüßen
> und dich führen in die heilige Stadt Jerusalem.
> Die Chöre der Engel mögen dich empfangen
> und durch Christus, der für dich gestorben,
> soll ewiges Leben dich erfreuen.

Wort durch den Tag

Sterben ist der Ernstfall unseres Vertrauens. Es ist gut, solche Worte frühzeitig zu hören, wenn ich noch nicht ans Sterben denke. „Heute noch wirst du mit mir im Paradiese sein!" Und wenn es so weit ist, Jesus, denk an mich!

40. Tag · Karsamstag

Der Tod ist wie eine Neugeburt

Wort der Schrift

Jesus antwortete ihm: Amen, amen, ich sage dir: Wenn jemand nicht von Neuem geboren wird, kann er das Reich Gottes nicht sehen. Nikodemus entgegnete ihm: Wie kann ein Mensch, der schon alt ist, geboren werden? Er kann doch nicht in den Schoß seiner Mutter zurückkehren und ein zweites Mal geboren werden. Jesus antwortete: Amen, amen, ich sage dir: Wenn jemand nicht aus Wasser und Geist geboren wird, kann er nicht in das Reich Gottes kommen (Joh 3,3-5).

Wort zum Tag

Für den Karsamstag, wo keine Liturgie gefeiert wird, wo alles ruht, erinnere ich mich an eine Geschichte, die mir hilft, an das Leben nach dem Tod zu glauben:

Zwillinge erwartete eine Mutter. Die Wochen vergingen, und die Zwillingsbrüder wuchsen im Schoß heran. In dem Maß, wie ihr Bewusstsein sich entfaltete, steigerte sich ihre Freude: „Sag, ist es nicht großartig, dass wir leben?" Die Zwillinge begannen, ihre Welt zu entdecken. Als sie aber die Nabelschnur fanden, die sie mit ihrer Mutter verband, riefen sie erstaunt: „Wie groß ist ihre Liebe, dass sie ihr eigenes Leben mit uns teilt."
Die Wochen vergingen. Da merkten sie plötzlich, wie sehr sie sich verändert hatten. „Was soll das heißen?", fragte der eine. „Das heißt", antwortete der andere, „dass unser Aufenthalt in dieser Welt bald seinem Ende zugeht." – „Aber ich will gar

nicht gehen", erwiderte der eine, „ich möchte für immer hier bleiben." – „Wir haben keine andere Wahl", entgegnete der andere, „aber vielleicht gibt es ein Leben nach der Geburt." – „Wie könnte dies sein?", fragte zweifelnd der erste, „wir werden unsere Lebensschnur verlieren. Wie sollten wir ohne sie leben können? Und außerdem haben andere vor uns diesen Schoß hier verlassen, und niemand von ihnen ist zurückgekommen und hat uns versichert, dass es ein Leben nach der Geburt gibt. Nein, die Geburt ist das Ende."
So fiel der eine von ihnen in tiefen Kummer und sagte: „Wenn die Empfängnis mit der Geburt endet, welchen Sinn hat dann das Leben im Schoß? Es ist sinnlos. Womöglich gibt es gar keine Mutter hinter allem." – „Aber sie muss doch existieren", protestierte der andere, „wer hätte uns sonst ernährt und am Leben gehalten?"
„Hast du je unsere Mutter gesehen?", fragte der eine. „Womöglich lebt sie nur in unserer Vorstellung. Wir haben sie uns erdacht, weil wir dadurch unser Leben besser verstehen können." Und so waren die letzten Tage im Schoß der Mutter angefüllt mit vielen Fragen und mit großer Angst. Schließlich kam der Augenblick der Geburt. Als die Zwillinge ihre Welt verließen, öffneten sie ihre Augen. Was sie sahen, übertraf ihre kühnsten Träume.

„Unruhig ist unser Herz, bis es ruht in Gott." Wie oft ist dieses Wort des heiligen Augustinus zitiert worden. Ob dieses Wort die Sehnsucht aller Generationen zusammenfasst? Viele haben gegen dieses Wort protestiert, es verlacht und verdrängt. Es wird auch in Zukunft seine Gültigkeit behalten.

Wort durch den Tag
Ja, meiner Sehnsucht möchte ich Flügel geben. Meine Lebenslinie zeigt deutlich nach oben und verwandelt diese kleine Spanne Zeit zwischen Geburt und Tod in Unendlichkeit. Die Kerker werden gesprengt. Durch viele Welten muss ich wandern, bis der, der mich rief, mich mit seinen Armen umfängt.

Ostern

Ostersonntag

Herausforderung

Wenn Jesus
– und das ist unser Glaube –
gestorben und auferstanden ist,
dann wird Gott
durch Jesus
auch die Verstorbenen
zusammen mit ihm
zur Herrlichkeit führen.

(1 Thess 4,14)

Bildnachweis

S. 9: © S. Hofschlaeger/pixelio.de
S. 21: © Peter Smola/pixelio.de
S. 35: © Margot Kessler/pixelio.de
S. 48: © Sassi/pixelio.de
S. 65: © Joujou/pixelio.de
S. 68: © Erich Purk, Münster
S. 83: © S. Hofschlaeger /pixelio.de
S. 104: © Berggeist007/pixelio.de
S. 122: © Kurt Michel/pixelio.de

Quellenachweis

9. Tag: Das Bild „Der erste Schritt" von Vincent van Gogh kann auf der Internetseite des Metropolitan Museum of Art angeschaut werden: www.metmuseum.org.

10. Tag: Dr. Edeltraut Bülow, „Komm", 2011; Rechte bei der Autorin.

11.-16. Tag: Niklas Luhmann, Vertrauen, 4. Aufl. Stuttgart 2000. Matthias Nöllke, Vertrauen, München 2009 (Zitate aus S. 14-17, 30, 33, 79, 202, 209, 211).

20. Tag: Gotteslob Nr. 294,1: „Was Gott tut, das ist wohlgetan", Text von Samuel Rodigast 1675; Musik von Severus Gastorius 1679.

23. Tag: Originalfassung des Gedichts „Footprints"; © 1964 Margaret Fishback Powers; deutsche Fassung: Eva-Maria Busch; © der deutschen Übersetzung: 1996 Brunnen Verlag Gießen.

24. Tag: Renate Krüger, Aufbruch aus Mecklenburg – Gertrud von Le Fort und ihre Welt; © Allitera Verlag, Buch&Media GmbH, München.

25. Tag: Gotteslob Nr. 295,1-3: „Wer nur den lieben Gott lässt walten", Text und Musik von Georg Neumark 1657, Fassung von Johann Sebastian Bach.

29. Tag: Dietrich Bonhoeffer, Widerstand und Ergebung, 7. Str. des Gedichts „Von guten Mächten"; © 1998, Gütersloher Verlagshaus, Gütersloh, in der Verlagsgruppe Random House GmbH.

30. Tag: Vgl. Michael Blum/Erich Purk, Einen Engel für dich, Stuttgart 2002; Uwe Seidel, Von Engeln behütet (nach Psalm 91), aus: Michael Blum/Uwe Seidel, Das kleine Engelbuch, 46; © tvd-Verlag, Düsseldorf 1996.

31. Tag: Ernst Ginsberg, Abschied. Erinnerungen, Theateraufsätze, Gedichte, hg. von Elisabeth Brock-Sulzer; © 1965, 1991 by Verlags AG Die Arche, Zürich.

34. Tag: Wolfgang Poeplau, „Hab Vertrauen"; Rechte beim Autor.

35. Tag: Guy de Larigaudie, Stern auf hoher See, Olten/München 1964.

36. Tag: Wolfgang Poeplau, „Ich brauche ein Licht"; Rechte beim Autor.

37. Tag: Jörg Zink, „Ich bin der gute Hirte"/„Vor dir ist eine Tür" aus: ders., Die Mitte der Nacht ist der Anfang des Tages, Bilder und Gedanken zu den Grenzen unseres Lebens, S. 26/15-16; © Kreuz Verlag in der Verlagsgruppe Herder GmbH, Freiburg i. Br. 2010.

39. Tag: Gotteslob Nr. 84, Text aus der kirchlichen Begräbnisliturgie.

40. Tag: Geschichte „Zwillinge"; Quelle unbekannt, Übertragung aus dem Englischen.

Sollten, trotz gründlicher Recherche zur Ermittlung von Fremdtexten und Quellen, im Einzelfall Nachweise nicht korrekt sein oder die Erlaubnis des Abdrucks fehlen, sind wir für entsprechende Hinweise dankbar.

Verlag Katholisches Bibelwerk GmbH